**잘살지는
못해도
쪽팔리게
살지는 말자**

잘살지는
못해도
쪽팔리게
살지는 말자

리민 지음 | 남은숙 옮김

정민
미디어

차례

운명의 절반은 환경적인 조건으로 정해지지만 나머지 절반은 자신의 힘으로 얼마든지 설계하고 계획할 수 있다. 만약 당신에게 주위 환경을 변화시킬 힘이 없다면 우선 자신의 마음가짐을 돌아보는 것은 어떨까? 인생이란 새로운 희망을 찾아 항해하는 과정이다. 용감한 사람만이 자신의 운명을 개척하고 희망을 찾을 수 있다.

인생은 단 한 번뿐이다. 이 세상 최고의 평등은 신이 모든 사람에게 단 한 번뿐인 인생을 준 것이다. 당신의 인생은 이토록 소중하다. 그러니 자신의 능력으로 설계하고 다스려야 하지 않겠는가?

Chapter 01

운명을 설계하라

잘살지는 못해도 쪽팔리게 살지는 말자

인생의 주인이 되면 모든 법칙은 간단명료해진다. 외로워도 더 이상 외로워지지 않고
가난해도 더 이상 가난해지지 않으며, 나약해도 더 이상 나약해지지 않는다.
– 헨리 D. 소로 *Henry D. Thoreau*

1

도전하는 자만이 운명을 바꾼다

**젊은 영혼을 매료시키는 가장 찬란한 보석은
바로 성공에 대한 열망이다.**

– 랄프 W. 에머슨 *Ralph W. Emerson*

농장에서 일하던 두 사람이 그곳을 떠나 새로운 도시로 가기로 마음먹었다. 둘은 곧 기차역으로 향했다. 그리고 한 사람은 뉴욕으로 가는 표를 사고, 다른 한 사람은 보스턴으로 가는 표를 샀다. 표를 산 두 사람은 의자에 앉아 기차를 기다리다가 우연히 이런 말을 듣게 됐다.

"뉴욕 사람들은 인정이 메말라서 길을 가르쳐주고도 돈을 받는데, 보스턴 사람들은 거리에서 구걸하는 거지한테도 인심을 후하게 베푼대요."

뉴욕으로 가는 표를 산 남자는 생각했다.

'아무래도 보스턴으로 가는 게 낫겠어. 일자리를 못 구해도 굶어죽을 일은 없을 거야. 하마터면 큰일 날 뻔했군.'

하지만 보스턴으로 가는 표를 산 남자의 생각은 달랐다.

'그래, 뉴욕으로 가는 거야! 길을 가르쳐주고도 돈을 받는다면 금방 부자가 될 수 있을 거야. 하마터면 부자가 되는 기회를 놓칠 뻔했잖아.'

두 사람은 상의 끝에 표를 바꾸기로 결심했다. 그래서 뉴욕으로 가려던 사람은 보스턴으로, 보스턴으로 가려던 남자는 뉴욕으로 가게 됐다.

보스턴에 도착한 남자는 금세 그곳 생활에 적응해나갔다. 한 달 가까이 일을 하지 않고도 사람들이 던져주는 빵으로 놀고먹을 수 있었다. 그는 그곳이 천국이라는 생각이 들었다.

한편 뉴욕으로 간 남자는 돈을 벌 기회가 곳곳에 숨어 있다는 생각에 매우 들떠 있었다. 조금만 머리를 굴리면 먹고살 걱정을 하지 않아도 될 것 같았다. 도시 사람들이 흙에 대한 특별한 향수와 애착이 있을 거라고 판단한 그는 그날로 공사장을 찾아다녔다. 그리고 흙과 나뭇잎을 비닐에 담아 포장해서 '화분흙'이라는 이름으로 팔기 시작했다. 과연 그의 판단은 적중했다. 꽃과 나무를 좋아하지만 흙을 가까이서 접할 일 없는 뉴욕 사람들의 마음을 움직인 것이다. 그는 '화분흙'으로 꽤 많은 돈을 벌었고 1년 뒤에는 작은 방 한 칸을 마련할 수 있었다.

그러던 중 그는 우연히 불빛을 잃은 상점 간판을 발견했다. 화려한 빛으로 거리를 밝혀야 할 간판들이 하나같이 때가 끼고 먼지가 쌓여 제 역할을 하지 못하고 있었다. 더욱 놀라운 것은 그런 간판이 뉴욕 시내에 한둘이 아니었다. 그는 청소 업체들이 건물만 청소할 뿐, 간판까지 청소해야 할 책임은 없다는 사실을 알게 됐고 당장 사다리와 물통을 사들여 간판만 전문으로 청소해주는 간판 청소 대행업체를 차렸다. 그의 사업 아이디어는 이내 성공으로 이어졌다. 시간이 흘러 그는 어느덧 직원 백쉰 명을 거느린 기업의 사장이 되었고, 다른 도시에서도 청소를 의뢰할 만큼 유명해졌다.

얼마 후, 그는 휴식을 취할 겸 보스턴으로 여행을 떠났다. 그런데 기차역에서 나오나마자 꾀죄죄한 모습을 한 거지가 그에게 다가와 돈을 달라며 구걸을 했다. 거지의 얼굴을 본 그는 깜짝 놀라 그 자리에서 얼어붙고 말았다. 그 거지는 바로 예전에 자신과 기차표를 바꾼 바로 그 친구였던 것이다!

특별한 인생을 살고 싶은가?
용감하게 모험을 즐겨라.
두 장의 기차표는 각기 다른 인생을 뜻한다.
당신의 마음가짐이 곧 선택을 좌우하며, 당신이
어떤 선택을 내리느냐에 따라서 당신의 운명이 달라진다.
부자로 사는 인생과 거지로 사는 인생 중
당신은 어떤 것을 선택하겠는가?

인생의 파도를 넘어서라

인생은 곧 모험이다. 위험을 무릅쓰는 용기를 갖춰라.
무슨 일을 하든지 기꺼이 위험을 감수하는 사람만이 더 멀리 갈 수 있다.

– 앤드류 카네기 *Andrew Carnegie*

잭은 보스턴의 어느 작은 마을에서 태어났다. 태어나서 단 한 번도 바다를 본 적이 없는 그는 줄곧 바다를 동경했다. 그런 그가 우연한 기회에 바닷가에 가게 되었다. 하지만 그가 만난 바다 풍경은 상상했던 것과 많이 달랐다. 매일 안개가 자욱이 끼고 매서운 광풍이 불었다. 잭은 생각했다.

'내가 꿈꾸던 바다는 이런 모습이 아니었는데……'

그의 희망은 금세 실망으로 바뀌었다.

'바다가 이렇게 무서운 곳이라면 더 이상 좋아할 이유가 없지. 한때는 선원이 되는 게 꿈이었지만, 안 되길 정말 잘한 것 같아. 바다는 정말 위험해.'

잠시 후, 그는 그곳에서 한 선원을 만나 이야기를 나누게 됐다.

"늘 이렇게 안개가 끼고 광풍이 부는 건 아니에요. 날씨가 좋을 때는 더 없이 아름답죠. 하지만 거친 파도가 치고 광풍이 불어도 나는 이 바다가 좋답니다."

"선원으로 일하는 건 위험하지 않나요?"

잭이 물어보자 선원은 이렇게 대답했다.

"자신의 일을 즐기고 좋아하는 사람은 그에 따른 위험까지도 감수할 줄 알죠. 나뿐만 아니라 우리 가족들도 모두 바다를 사랑하는걸요."

선원의 말을 듣고 잭이 다시 물었다.

"당신 아버지는 어디에 계시죠?"

"바다에서 돌아가셨어요."

"당신 할아버지는요?"

"할아버지도 대서양에서 돌아가셨어요."

"그럼 당신 형은요?"

"형은 인도의 어느 강에서 악어한테 잡아먹히는 사고를 당했어요."

"그렇군요. 내가 만약 당신이라면 무서워서라도 바다 근처에는 얼씬도 못할 것 같네요." 잭이 말했다.

"그럼 이번에는 내가 물어볼게요. 당신 아버지는 어디에서 돌아가셨나요?"

"침대에서요."

"그럼 당신 할아버지는?"

"할아버지도 침대에서 돌아가셨어요."

"그렇군요." 선원은 다시 말을 이었다.

"내가 당신이라면 영원히 침대 근처에는 가지 않겠어요."

파도가 치지 않는 바다가 없듯이 위험이 존재하지 않는 인생도 없다. 인생의 비바람을 피하느라 마냥 제자리걸음만 하다가는 소중한 인생을 낭비하고 말 것이다. 우리의 인생은 파도가 높이 치고 바람이 거세게 불수록 그것을 이겨냈을 때 가치가 더 높아진다. 인생의 주인이 되어 멋진 인생을 즐겨라.

3
인생은 누구도 장담할 수 없다

운명론은 의지가 약한 사람들이 찾는 변명에 불과하다.

– 로맹 롤랑 *Romain Rolland*

한 성공인사가 하버드 대학에 초청되어 강연을 하게 됐다. 그는 과거의 기억을 떠올리며 말했다.

"제가 초등학교 6학년 때 반에서 1등을 하자 선생님이 세계지도를 선물로 주셨어요. 어찌나 기분이 좋은지 집에 오자마자 한참 동안 지도를 들여다보고 있었습니다. 그날은 제가 가족들을 대신해 목욕물을 받아놓기로 한 날이어서 물을 데우면서도 손에서 지도를 놓지 않았죠. 그러다 이집트를 발견했어요. 순간 책에서 읽은 '피라미드'와 '나일 강', '파라오'와 '클레오파트라'가 떠올랐죠. 이집트에 가면 신비한 것들이 많을 거라는 생각에 어른이 되면 반드시 가보리라 다짐했어요."

그는 그날의 기억을 마치 어제 겪은 일처럼 생생하게 떠올렸다.

그가 시간 가는 줄도 모르고 지도를 보고 있는데 갑자기 그의 아버지가 욕실에서 다급하게 뛰어나오며 소리쳤다.

"너 이 녀석! 대체 뭘 하는 거야?"

아버지는 그에게 화가 난 것 같았다.

"지도 보고 있어요."

그가 고개를 들어 대답하자, 아버지는 더욱 화를 내며 말했다.

"목욕물이 다 식었잖아! 정신을 어디 팔고 있는 거냐?"

"지도를 보느라 물이 식은 줄 몰랐어요."

순간 '찰싹' 하는 소리와 함께 아버지가 그의 뺨을 때렸다.

"당장 가서 물 데워와! 쓸데없는 짓 하지 말고!"

아버지는 뺨을 때리는 걸로 화가 안 풀렸는지 어린 그를 발로 걷어차기까지 했다. 그러고는 더욱 무서운 표정으로 이렇게 말했다.

"내가 장담하는데 넌 평생 이집트 근처에도 갈 수 없을 거야. 어서 가서 물이나 데워!"

그는 놀란 표정으로 아버지를 바라봤다.

'아버지의 말이 사실이 되면 어떡하지? 정말 평생 이집트 근처에도 못 가보면 안 되는데.'

하지만 20년 후, 그는 당당하게 이집트 땅을 밟았다. 그때 그의 친구가 그에게 물었다.

"이집트에 가서 뭘 하려고?"

그러자 그는 이렇게 대답했다.

"내 인생을 누구도 함부로 장담할 수 없다는 걸 보여줄 거야."

그는 이집트에 가자마자 피라미드 앞에 앉아 아버지에게 엽서를 썼다.

'사랑하는 아버지, 지금 제가 있는 곳은 바로 이집트 피라미드 앞이에요. 아버지는 어릴 적 제 뺨을 때리고 엉덩이를 걷어차면서 저는 평생 이집트 근처에도 못 갈 거라고 말씀하셨죠. 하지만 아버지, 전 보란 듯이 이집트에 왔답니다.'

미래의 일을 쉽게 장담하는 사람, 다른 사람이 무심코 한 말을 쉽게 믿어버리는 사람은 새로운 인생을 살기 어렵다. 무한한 꿈과 상상력으로 인생에 활력을 더하고 끊임없이 자기 자신을 극복하는 사람만이 더 높은 봉우리를 넘어 인생의 정상에 우뚝 설 수 있다.

4
노력이 미래의 나를 바꾼다

**달리는 사람만이 경주에서 이길 수 있고,
싸우는 사람만이 전쟁에서 승리할 수 있다.**

- 리처드 M. 디보스 *Richard M. Devos*

앨런은 바이올린을 좋아하는 젊은 악사였다. 미국으로 건너왔을 때 그는 가난했으므로 거리에서 연주를 하며 돈을 벌어야 했다. 그는 그곳에서 운 좋게 한 흑인 친구를 만났다. 둘은 사람들이 많이 오가는 유명한 은행 입구에 자리를 잡고는 연주를 시작했다.

그렇게 시간이 흘러 앨런은 적지 않은 돈을 모았다. 그는 대학에 들어가 좀 더 체계적이고 전문적으로 음악을 배우고 싶은 생각이 들어 흑인 친구에게 작별을 고했다. 다시 혼자가 된 그는 대학에 들어가 바이올린 연습을 하는 데 몰두했다. 그리고 10년이 흘렀다.

하루는 앨런이 길을 걷다가 옛날에 자신이 바이올린을 연주하며 돈을 벌던 은행을 발견했다. 그런데 놀랍게도 예전에 함께 연주하던 흑인 친구가 여전히 은행 입구에 서서 연주를 하고 있는 것이 아닌가! 흑인 친구의 모습은 예전 그대로였다.

그는 앨런을 향해 반가운 얼굴로 인사를 건넸다.

"이보게 친구, 요즘은 어디에서 연주를 하나?"

"난 오페라 홀에서 연주를 하고 있다네."

앨런이 대답했다. 그 오페라 홀은 이름만 대면 누구나 알 수 있는 굉장히 유명한 곳이었다. 그러자 흑인 친구는 이렇게 물었다.

"거기 입구도 사람들이 많이 지나다니는 명당이니 돈벌이가 꽤 되겠군, 안 그래?"

앨런은 10년 동안 부단히 노력하고 연습을 거듭한 끝에 세계적인 바이올리니스트가 되었다. 하지만 그동안 한자리에만 머물러 있던 흑인 친구는 앨런이 오페라 홀 입구에서 음악을 파는 악사가 아닌 큰 무대에서 박수갈채를 받는 주인공이 됐다는 사실을 전혀 알지 못했다.

현재를 위해서 살지 마라. 우리는 눈앞의 오늘이 아닌 희망이 가득 찬 내일을 설계하며 살아야 한다. 인생은 빠르게 흐르는 물살처럼 순식간에 흘러간다. 따라서 그 안에서 정지한다는 것은 곧 실패를 뜻한다. 소설가 세르반테스(Miguel de Cervantes)는 이런 말을 했다.

"목표가 높을수록 당신의 희망도 그만큼 커진다. 인생은 우리에게 수많은 진리를 깨우쳐주는데, 그중 첫 번째 진리가 노력은 모든 길로 통하는 지름길이라는 것이다."

5
한 가지에 몰두하라

한 사람이 동시에 두 마리 말을 탈 수는 없다.
이 말을 타려면 저 말을 포기해야 한다.

– 괴테 *Johann Wolfgang von Goethe*

한 젊은 화가가 있었다. 어렸을 적부터 미술 감각이 남달랐던 그는 벌써 국내에서 몇 번의 개인전을 가졌고 상도 많이 받았다. 오랜만에 만난 친구들과의 모임에서 어느 친구가 그에게 물었다.

"젊은 나이에 성공하기가 쉽지 않은데, 자네의 성공비결은 대체 뭔가?"

그러자 그가 웃으며 대답했다.

"어릴 때부터 한 가지에만 몰두한 노력의 결과일세. 지난 10여 년 동안 오로지 그림만 생각하며 살아왔거든."

그는 친구들에게 자신의 어릴 적 경험을 이야기해 주었다.

어린 시절 그의 관심사는 한두 가지가 아니었다. 호기심이 왕성한 탓에 수영과 피아노, 그림, 농구 등 안 해본 것이 없을 정도였다. 그는 수영도 잘

하고 피아노도 잘 치며 그림도 잘 그리는 만능 재주꾼이 되고 싶었지만, 모든 방면에서 뛰어나기란 불가능한 일이었다. 그는 그런 자신에게 실망했고 이런저런 고민으로 방황하다 학교 성적까지 바닥으로 뚝 떨어지고 말았다.

하루는 아버지가 그를 불렀다. 그는 아버지가 자신을 혼낼 거리고 생각했지만 뜻밖에도 아버지는 화를 내지 않았다. 다만 작은 깔때기 하나와 땅콩 한 움큼을 가져와서는 탁자 위에 올려놓았다. 그리고 이렇게 말했다.

"오늘 너한테 보여주고 싶은 게 있단다."

아버지는 아들의 두 손에 깔때기를 쥐어주었다. 그러고는 구멍 안으로 땅콩을 하나씩 집어넣었다. 깔때기 안으로 들어간 땅콩은 금세 그의 손바닥에 떨어졌다. 아버지는 몇 번이고 같은 동작을 반복했고, 그의 손바닥에는 어느새 땅콩이 차곡차곡 쌓였다. 그런데 잠시 후, 아버지가 땅콩 한 움큼을 한꺼번에 깔때기 안으로 넣었다. 그러자 굵기가 서로 다른 땅콩들이 섞여 깔때기 밑으로 한 개도 떨어지지 않았다. 아버지는 의미심장한 눈빛으로 말했다.

"이걸 보거라. 이 깔때기는 바로 네 자신이란다. 무슨 일이든 한 가지씩 차례대로 해나가는 사람은 그만큼의 결실을 얻을 수 있어. 하지만 한 번에 다하려고 욕심을 부리다가는 아무것도 얻지 못할 수도 있단다."

20년이 흘렀지만 그는 여전히 아버지의 말을 가슴속에 새기며 친구들에게 이렇게 말했다.

"무슨 일이든지 한 가지에 몰두할 때 그 분야에서 최고의 자리에 오를 수 있다네."

하버드 대학에서 실시하는 인문 교육의 핵심은 바로 개인의 개성과
특성에 맞는 맞춤식 교육을 하는 것이다.
사람은 누구나 다듬어지지 않은 보석으로 태어났다.
당신이 어떤 모양의 보석이 되고 어떠한 빛깔을 갖게 될지는
오로지 당신의 선택에 달려 있다. 그리고 그 선택이 운명을 좌우한다.

6

꿈의 가치

희망은 모든 사람의 아픔을 치료해주는 가장 효과적인 처방전이다.
지혜는 포로에게 자유를, 환자에게 건강을, 연인에게 사랑을,
거지에게는 부를 가져다주기 때문이다.

- 克魯利

헨리의 집은 매우 가난했지만 언제나 웃음과 사랑이 가득했다.
그 덕분에 헨리는 매사에 긍정적이고 적극적인 성격을 지닐 수 있었고 언
젠가는 꿈을 이룰 수 있을 거라고 믿으며 늘 희망의 끈을 놓지 않았다.

또한 그는 어릴 때부터 운동을 좋아했다. 열여섯 살이 되었을 때 시속
144킬로미터의 강속구를 던졌고 배트도 자유자재로 휘둘러 타격 실력도
좋았다. 게다가 미식축구 경기를 할 때면 어떠한 포지션에 세워도 다 소
화해낼 만큼 운동신경이 뛰어났다. 그가 다니던 고등학교의 미식축구팀
감독은 이런 그가 운동을 계속할 수 있도록 아낌없는 지지를 보냈다. 그
는 헨리를 믿었을 뿐만 아니라, 헨리가 자기 자신을 믿도록 옆에서 끊임
없이 격려해주었다. 감독은 헨리에게 이렇게 말했다.

꿈은 곧 삶의 힘이자 인생의 가장 큰 희망이다.
'꿈'이라는 신비로운 힘은 우리에게 끊임없이 나아갈 용기와 자신감을 가져다준다.
꿈을 이루기 위해서는 먼저 미래를 내다볼 줄 아는 안목을 지녀야 한다.
그렇지 않으면 눈앞의 이익을 좇다 더 소중한 것을 잃을 수도 있다.

미국의 초대 대통령 조지 워싱턴(George Washington)은 이렇게 말했다.
"세상의 모든 평화와 평형, 건강, 성공과 행복은 희망을 잃지 않는
긍정적인 마음가짐에서 비롯된다."

"꿈과 자신감을 잃지 않는 한 네 인생은 얼마든지 달라질 수 있단다!"

그러던 어느 여름날, 헨리의 친구가 그에게 여름방학 동안 돈을 벌 수 있도록 아르바이트를 소개해주었다. 경제적으로 풍요롭지 못했던 헨리는 돈을 벌 수 있다는 생각에 들떴다. 돈만 있으면 여자 친구와 데이트도 할 수 있고 그동안 갖고 싶었지만 살 수 없었던 운동화와 자전거도 살 수 있기 때문이다. 그리고 무엇보다 집을 장만하기 위해 힘들게 일하는 부모님의 짐을 조금이나마 덜어줄 수 있었다. 그는 돈을 벌 수 있는 기회를 놓치고 싶지 않아 당장 아르바이트를 하겠다고 했다.

그런데 한 가지 문제가 발생했다. 돈을 번다는 생각에 들떠 아르바이트를 하게 되면 대신 훈련에 참가할 수 없다는 생각을 미처 못한 것이다. 헨리는 방학이 되기 전, 미리 감독님에게 훈련에 빠져야 하는 이유를 설명해야 했다. 하지만 감독님이 얼마나 화를 낼지는 안 봐도 뻔한 일이라 선뜻 용기가 나지 않았다.

"지금 돈을 벌지 않아도 나이가 들면 평생 돈을 벌면서 살아야 해. 뭐가 그리 급하니? 뛰어난 선수가 되기 위해 훈련할 시간은 지금뿐이라는 걸 명심하렴."

용기를 내어 말을 꺼낸 헨리에게 감독이 말했다. 고개를 숙이고 있던 헨리는 다시 한 번 감독을 설득했다. 설사 이번 일로 감독이 자신에게 실망한다 하더라도 그는 이번 아르바이트를 포기할 수 없었다.

"헨리, 그 일을 하면 한 시간에 얼마를 받을 수 있니?" 감독이 물었다.

"35달러요."

"너는 네 꿈의 가치가 그 정도밖에 안 된다고 생각하니?"

감독의 물음에 헨리는 아무 대답도 하지 못했다. 그는 미래의 꿈을 위해 훈련을 계속할 것인지 아니면 현실의 여유를 위해 돈을 벌 것인지 둘 중 하나를 선택해야 했다.

어느덧 여름방학이 다가왔고, 헨리는 늘 그랬듯 훈련장으로 향했다. 더운 날씨에 땀이 비 오듯 흘렀지만 마음은 어느 때보다 가벼웠다.

같은 해, 그는 2만 달러의 계약금을 받고 프로미식축구팀인 피츠버그 스틸러스(Pittsburgh Steelers) 팀에서 뛰게 되었다. 그리고 애리조나(Arizona) 주립대학교에서 스포츠 장학금을 받고 학업을 계속해나갈 수 있었다. 그 후로 많은 팬을 얻으며 최고의 미식축구선수로 활동했고 미식축구연맹에서 뽑은 우수선수 7위에 이름을 올렸다.

1984년, 헨리는 170만 달러를 받고 덴버 브롱코스(Denver Broncos)와 계약을 맺었다. 그는 마침내 부모님에게 멋진 집 한 채를 선물하는 동시에 자신의 오랜 꿈도 이룰 수 있었다.

7

타인의 기준에 맞추려 하지 마라

**자신의 신념이 아닌 쉽게 변하는 것들로 인생의 기준을 삼는 것은
'실패'라는 불행의 씨앗을 심는 일과 같다.**

– 윈스턴 처칠 *Winston Churchill*

혼자 사색하기를 좋아하는 여학생이 있었다. 하루는 심리학 수업을 들은 그녀가 수업이 끝난 뒤 교수를 찾아가 이렇게 말했다.

"교수님, 한 남자는 제가 조용하고 여성스러워 보여서 매력적이라고 말합니다. 하지만 또 다른 남자는 제가 조금 더 활달하고 씩씩했으면 좋겠다고 해요. 제겐 어떤 모습이 더 어울릴까요?"

그러자 교수는 그녀에게 다음과 같은 이야기를 들려주었다.

옛날 어느 왕국에 두 명의 왕자가 있었다. 하루는 왕이 첫째 왕자에게 어울리는 신부를 찾아주려고 그에게 어떤 스타일의 여자를 좋아하냐고 물었다. 그러자 첫째 왕자는 이렇게 대답했다.

"전 마르고 날씬한 여자가 좋아요."

이 소식을 전해 들은 왕국의 젊은 여인들은 왕자의 마음을 얻기 위해 너도나도 살을 빼기 시작했다. 그녀들은 모두 '힘들더라도 조금만 참는 거야. 그럼 평생 왕비 대접을 받으며 살 수 있어!'라며 며칠씩 식사를 굶기도 했다.

몇 달 후, 왕국에서는 더 이상 통통한 여인들을 찾아볼 수 없게 됐다. 하지만 계획 없이 무턱대고 살을 빼느라 영양실조에 걸려 쓰러지는 여성들이 한둘이 아니었다. 게다가 결혼을 앞둔 첫째 왕자가 병에 걸려 갑작스럽게 세상을 떠나는 뜻밖의 일까지 일어났다. 그래서 결국 둘째 왕자가 왕위를 계승하게 됐다. 왕은 둘째 왕자에게 어울리는 왕자비를 찾아주기 위해 그에게도 똑같은 질문을 던졌다.

"아들아, 너는 어떤 여인을 아내로 맞이하고 싶으냐?"

그러자 왕자는 이렇게 대답했다.

"요즘 여자들은 하나같이 삐쩍 말랐어요. 전 뚱뚱하고 풍만한 여자가 좋아요."

이 소식은 곧 온 마을에 퍼졌고 여인들은 다시 살을 찌우기 위해 닥치는 대로 먹기 시작했다. 그리고 얼마 지나지 않아 마른 여자는 더 이상 찾아볼 수 없게 되었다. 심지어 왕국에 먹을 것이 남아나지 않을 정도였다.

그런데 둘째 왕자는 다시 뜻밖의 결정을 내렸다. 마르지도 뚱뚱하지도 않은 한 여인을 신부로 맞이한 것이다. 그는 이렇게 말했다.

"외모에 치중하기보다 자신만의 아름다움을 지닌 건강하고 현명한 여자가 더 좋아요."

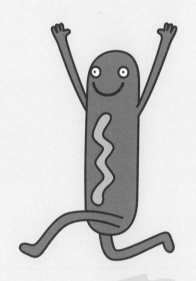

같은 사물을 바라보더라도 사람들은 저마다 다른 평가를 내린다.
이는 사람마다 관념과 사고방식이 다르기 때문이다.
설사 여러 사람이 한 사물에 대해 같은 평가를 내렸다 하더라도
시간이 흐르면서 그 평가가 조금씩 달라지게 마련이다.
무슨 일을 하든지 다른 사람의 생각과 관심사에 맞춰야 한다고
생각해보라. 우리 인생이 얼마나 피곤해지겠는가?
모든 사람의 마음에 들 수는 없다. 중요한 건
다른 사람의 마음에 들기 전에 나 자신을 먼저 사랑하는 것이다.

미국의 제16대 대통령이었던 에이브러햄 링컨(Abraham Lincoln)은 이런 말을 했다.

"폭포는 결코 절벽보다 더 높이 흐를 수 없다. 이는 사람도 마찬가지다. 어떠한 성취감도 그 사람의 신념을 뛰어넘을 수는 없다."

사람의 운명은 절반은 타고난다고 볼 수 있지만 나머지 절반은 저마다의 사고방식으로 결정된다고 해도 과언이 아니다. 사물에 대한 사고와 인식은 그 사람의 판단과 선택에 영향을 미치고, 그 판단이 곧 인생의 승패를 결정하기 때문이다. 우리가 얼마나 지혜로운 생각을 하느냐에 따라서 인생의 깊이가 달라진다.

Chapter 02

당신의 생각은 한계가 없다

잘살지는 못해도 쪽팔리게 살지는 말자.

끊임없이 사고하라. 적극적인 사고와 용기를 지닌 사람만이 인생의 승리자가 될 수 있다.

- 버지니아 요한슨 *Virginia Johansson*

풀리지 않는 어려운 문제에 봉착했을 때는 사고를 전환해 새로운 방법을 모색해야
한다. 지혜는 그 어떤 어려운 문제도 의외로 간단하게 만들어버리는 힘이 있다.
하버드 대학 출신인 작가 헨리 D. 소로는 이런 말을 했다.
"지혜로운 사람은 결코 경거망동하지 않는다. 행동에 옮기기 전
세 번 생각하면 풀리지 않는 문제가 없다."

1

지혜로운 사람의 사고법

생각할 줄 아는 사람이 가장 강한 사람이다.

– 오노레 드 발자크 *Honore de Balzac*

퇴직한 지 얼마 되지 않은 한 노인이 오랜만에 한적한 고향을 찾았다. 그는 작은 마을에 집을 산 후, 그곳에서 편안하게 노후를 보내며 회고록을 쓸 생각이었다. 이사 온 뒤 몇 주 동안은 모든 것이 완벽할 정도로 마음이 편안하고 행복했다. 마을의 조용한 분위기와 맑은 공기는 그가 글을 쓰기에 더없이 좋은 환경이었다. 그런데 어느 날, 도시에서 놀러 왔는지 한창 철없는 나이의 남자아이 셋이 온 동네가 시끄럽게 떠들고 다니기 시작했다. 노인의 집 마당에 있는 쓰레기통을 발로 뻥뻥 차는가 하면, 때로는 지나치다 싶을 정도로 시끄럽게 노래를 불러댔다. 참는 데 한계를 느낀 노인은 더 이상 가만히 있을 수 없어 아이들을 불러 모아 말했다.

"너희들 참 재미있게 노는구나. 나도 너희 때는 노느라 시간 가는 줄도 몰랐단다. 특히 쓰레기통을 발로 찰 때는 나까지 속이 통쾌하던 걸? 앞으로는 매일 놀러 오거라. 그러면 모두에게 5달러씩 줄게."

아이들은 돈을 준다는 말에 신이 나는지 다음 날부터 더 힘차게 쓰레기통을 발로 차기 시작했다. 그리고 사흘이 지난 후 노인은 다시 아이들을 불러 모아 말했다.

"얘들아, 미안하구나. 요즘 돈이 부족해서 내일부터는 매일 3달러씩밖에 줄 수 없단다."

아이들은 순간 실망하는 듯했지만, 그래도 3달러를 준다는 말에 마지못해 노인의 제안을 받아들였다. 그리고 매일 학교를 마치자마자 노인의 집으로 달려와 쓰레기통을 발로 차며 서로 힘자랑을 하고는 했다. 하지만 5달러를 받을 때만큼 힘이 넘치지는 않았다. 다시 일주일이 지나고, 노인이 아이들을 불러 말했다.

"정말 미안하구나. 이제는 매일 1달러씩밖에 줄 수 없단다."

순간 한 아이가 얼굴을 찡그리며 말했다.

"1달러요? 우리더러 겨우 1달러 받으려고 아까운 시간을 쪼개서 여기로 놀러 오란 말이에요? 싫어요! 이제는 두 번 다시 안 올 거예요!"

그날 이후로 노인의 생활은 예전처럼 평정을 되찾을 수 있었다.

2

거꾸로 생각하라

오래된 철이 녹이 슬고 고인 물이 썩듯이 사람의 지혜도 쓰지 않으면 메마른다.

– 레오나르도 다 빈치 *Leonardo da Vinci*

어느 날 아침, 한 아버지가 장난기가 심해 도무지 공부에 집중을 하지 않는 아들의 관심을 끌기 위한 방법이 없을까 고민하고 있었다. 잠시 후 아버지는 나라마다 예쁘게 색칠이 되어 있는 세계지도 한 장을 가져왔다. 그러고는 아이가 보는 앞에서 갈기갈기 찢어 조각을 내버렸다.

"요한, 여기 찢어진 지도를 끼워 맞추면 네게 맛있는 초콜릿을 주마."

아버지는 요한이 그 지도를 맞추는 데 상당한 시간이 걸릴 거리고 예상했다. 하지만 뜻밖에도 요한은 단 10분 만에 지도를 완성시켰다. 놀란 아버지가 아들에게 물었다.

"어떻게 이렇게 빨리 맞출 수가 있었니?"

그러자 요한이 별것 아니라는 표정으로 대답했다.

"아주 간단하던데요? 지도의 뒷면이 어떤 사람의 사진이었어요. 그래서 그 사람의 얼굴을 상상하면서 맞췄어요. 사진이 정확하게 맞춰지면 지도도 정확하게 맞춰지는 거잖아요?"

아버지는 웃으면서 약속한 대로 요한에게 초콜릿을 주었다.

어떤 일이든지 정면으로 부딪혀도 해결되지 않을 때는 역으로 뒤집어서 생각해봐야 한다. 사고의 전환이 때로는 문제를 해결하는 열쇠가 될 수 있다.

3
돈의 가치를 극대화하라

사람은 누구나 자신을 미래로 이끌 수 있어야 하고,
또 그렇게 해야 하는 이유를 알아야 한다.

– **사르트르** *Jean Paul Sartre*

 이제 막 열아홉 살이 된 마이클 S. 델(Michael S. Dell)은 컴퓨터 부속품을 팔아 1,000달러를 벌어들였다. 그리고 그는 그 돈을 어떻게 쓸 것인지 세 가지 계획을 세웠다. 첫째는 친구들을 모두 불러 모아 성대한 파티를 여는 것이고, 둘째는 중고차를 한 대 사는 것이었다. 그리고 셋째는 작지만 자신의 이름을 건 컴퓨터 회사를 차리는 것이었다.

 그는 오랜 고민 끝에 세 번째 계획을 실행하기로 결심했다. 그 외의 두 가지 계획도 포기하기 아까울 만큼 가치가 있었지만, 세 번째 계획에 확신이 있었다. 이튿날 델은 1,000달러로 작은 사무실을 차렸다. 그리고 컴퓨터 산업의 틈새시장을 공략하기 위해 유통업체 없이 직접 컴퓨터를 판매하기 시작했다. 사람들은 그가 곧 망할 거라고 말했지만, 그해 그는 무려 18만 달러를 벌어들였다. 그때부터 '델 컴퓨터(Dell Computer)' 사는 본격적으로 성장궤도에 오르게 된다. 그의 성공비결은 중간 판매상을 거치지 않고 컴퓨터를 소비자에게 직접 판매하며, 고객의 불만을 듣고 경영에 적극 반영하는 방식에 있었다. 현재 그는 세계 10대 부자 중 한 명이다.

미국 철도계의 거물로 불리는 제임스 힐(James J. Hill) 역시 초기 자본 1,000달러로 사업을 시작했다. 게다가 그 돈은 다른 사람에게 빌려온 것이었다. 그는 먼저 한 동업자와 곡물과 육류사업부터 시작했고, 후에 본격적으로 철도 건설업에 뛰어들었다. 그리고 그 역시 손꼽히는 세계적인 갑부(甲富)가 되었다.

힐은 여든아홉 살까지 장수했는데, 말년에 그에게 성공 비결을 물어보는 사람들이 많았다고 한다. 그들의 물음에 힐은 하나같이 이렇게 대답했다.

"난 그저 1,000달러를 어떻게 써야 할지 알았을 뿐이오."

≫――→

똑같은 액수의 돈이 주어져도 사람들마다 돈의 쓰임새가 달라진다. 어떤 사람은 있는 그대로 다 써버리고 말지만, 어떤 사람은 그 돈으로 저축을 하거나 투자를 한다. 돈의 가치는 그 가치를 알아보는 사람에 달려 있다. 돈을 대하는 시각과 태도에 따라 그 사람의 인생이 달라질 수 있다. 손안의 돈을 더 큰 액수로 불리려면 그것의 가치를 극대화해야 한다. 세상에 부자가 가난한 사람보다 적은 이유는 바로 이런 일을 아무나 할 수 없기 때문이다.

논리의 힘

지혜의 힘이 위대한 이유는 평범함 속에서도 기적을 발견하기 때문이다.

– 랄프 W. 에머슨 *Ralph W. Emerson*

하루는 수업시간 중에 아인슈타인(Albert Einstein)이 학생들에게 이렇게 물었다.

"두 사람이 동시에 굴뚝 밖으로 기어 나왔다고 칩시다. 한 사람은 얼굴과 온몸에 시커먼 먼지를 뒤집어썼지만, 다른 한 사람은 깨끗했지. 이 중 당장 샤워실로 달려갈 사람은 누구일까?"

"당연히 더러운 사람이겠죠!" 한 학생이 대답했다.

그러자 아인슈타인이 말했다.

"과연 그럴까? 잘 생각해봅시다. 먼지를 뒤집어쓴 사람은 굴뚝을 나오나마자 상대방의 깨끗한 얼굴이 보였을 거야. 반대로 깨끗한 사람은 상대방의 더러운 얼굴을 먼저 봤겠죠. 내가 말하고 싶은 건……."

그때 그의 말이 끝나기도 전에 한 학생이 소리쳤다.

"무슨 뜻인지 알겠어요! 깨끗한 사람은 상대방의 더러운 얼굴을 보고 자신의 얼굴에도 먼지가 묻어 있을 거라고 생각했을 거예요. 그리고 더러운 사람은 상대방의 깨끗한 얼굴을 보고 자신도 그만큼 깨끗할 거라고 생각했겠죠. 그래서 먼저 샤워실로 달려간 사람은 깨끗한 사람일 겁니다."

학생의 말이 끝나자 다른 학생들이 모두 그의 말에 맞장구를 쳤다. 하지만 아인슈타인은 여전히 고개를 가로저으며 말했다.

"틀렸네! 두 사람이 함께 굴뚝에서 나왔는데 어떻게 한 사람만 깨끗하고 한 사람은 더러울 수 있겠나? 애초부터 말이 안 되지. 이게 바로 '논리'라는 것이네."

성공의 비결은 딱 한 가지뿐이다. 바로 생각하고 실천하는 것이다. 생각할 줄 모르는 사람은 결코 지혜의 보물창고를 열 수 없다. 또한 생각하기 싫어하는 사람은 결코 창의력과 상상력이 가져다주는 즐거움을 느끼지 못한다. 사람은 하나를 보면 열을 알 수 있다.

당신이 얼마나 신중하게 생각하고 적극적으로 실천하느냐에 따라서 성공의 승패가 결정된다.

5

처음 생각으로 돌아가라

지혜의 힘을 믿는 한, 당신은 영원히 실패하지 않는다.

– 존 F. 케네디 *John F. Kennedy*

18세기 말, 영국인들이 오스트레일리아에 건너오면서 그 땅을 자신들의 영역으로 점령해나갔다. 하지만 광활한 대륙을 한 번에 개발하기란 결코 쉽지 않은 일이었다. 사람들이 점점 황량한 오스트레일리아로 가고 싶어 하지 않자, 영국 정부는 한 가지 묘안을 생각해냈다. 바로 수감된 죄수들을 오스트레일리아로 보내는 것이었다.

영국 정부는 선박을 보유한 사람들에게 죄수들을 수송하는 책임을 맡겼다. 그리고 배에 올라탄 죄수의 수를 세어 그만큼의 비용을 지불하기로 약속했다. 하지만 수송선박이라고 해봤자 낡고 더러운 배를 대충 개조해서 만든 것으로 환경이 열악하기 짝이 없었다. 수송 기간 중 누구 하나 병이라도 나면 고쳐줄 의사는커녕 구급 약품조차 제대로 갖춰진 곳이 없을 정도였다.

　그러나 선박 주인들은 돈에 눈이 멀어 될 수 있는 한 많은 죄수들을 태우려고 애썼다. 일단 배에 태우고 나면 그 수만큼 돈을 받을 수 있기 때문이었다. 그런데 가장 큰 문제는 그들이 돈만 받아 챙긴 뒤, 배에 탄 죄수들을 나 몰라라 한다는 것이었다. 배 안은 가축 우리와 다를 바 없었다. 심지어 어떤 선박 주인은 한 푼이라도 더 아끼려고 일부러 음식과 물을 주지 않기도 했다. 결국 죄수들이 죽어나가는 상황이 발생하고 말았고 3년간 선박 내 죄수들의 사망률이 12퍼센트에 달했다. 어떤 배는 사백스물네 명의 죄수를 태웠지만 그중 백쉰여덟 명이 죽어 사망률이 37퍼센트에 이르렀다. 이에 영국 정부는 경제적으로 막대한 손실을 보는 동시에 국민들로부터 지탄을 받았다.

　영국 정부는 오랜 고민 끝에 배에 의사를 보내 병을 제때 치료하게 했다. 그리고 감시관을 한 명씩 두어 죄수들이 적절한 혜택을 받고 있는지 감시하게 했다. 하지만 시간이 지나도 죄수들의 사망률은 줄어들지 않았다. 심지어 감시관들이 이유 없이 배에서 죽기까지 했다. 그 원인을 조사한 결과, 폭리를 취해오던 선박 주인이 사사건건 간섭하는 감시관이 눈에 거슬려 홧김에 그를 바닷속으로 밀어버렸다는 사실을 알게 됐다. 사람들은 길고 긴 항해 중에 죄수들도 교육을 받게 해야 하며, 선박 내에도 법적인 제도를 엄격하게 시행해야 한다고 말했다. 하지만 그 어떤 방법도 죄수들의 사망률을 떨어뜨리지는 못했다.

　그러던 중 영국 정부는 법률의 사각지대에 놓인 수송 선박의 구조적인 문제부터 해결해야 한다고 결정했다. 애초에 배에 죄수를 태우는 만큼 비용을 지불하겠다고 말한 것이 문제였다. 선박 주인들이 죄수들의 안전은 뒤로한 채 무조건 많이 태우고 보자는 심산이었던 것이다. 그래서 영국 정부는 오스트레일리아에 도착하자마자 다시 인원수를 체크해서 처음 태웠던 죄수의 수와 일치하면 그때 비용을 지불하기로 했다.

문제는 간단하게 해결되었다. 선박 주인들은 너도나도 상주 의사를 태우고 비상약품을 준비하여 죄수들의 건강과 안전을 보장하려고 했다. 그리고 한 달이라는 항해 기간 동안 그들 모두 건강하게 먹고 잘 수 있도록 환경을 개선해 주었다. 그러자 사망률이 조금씩 떨어지기 시작했다.

얼마 동안의 시간이 지난 후, 영국 정부가 다시 조사를 하자 사망률은 1퍼센트 이하로 떨어져 있었다. 몇백 명의 죄수들을 태우고도 한 달 동안 단 한 명의 사망자도 생기지 않은 선박도 있었다.

이렇듯 지혜는 모든 문제를 해결하는 근원이다. 문제를 해결하는 방법에는 여러 가지가 있지만 어떤 방법을 택하느냐에 따라서 결과는 천차만별로 달라질 수 있다. 성공한 사람들의 가장 큰 공통점은 바로 문제가 발생할 때마다 이를 해결하는 가장 효과적인 방법을 찾았다는 점이다.

6

위기를 극복하는 지혜

지혜로운 자는 지혜를 따르고 범인(凡人)은 경험을 따르지만,
실패하는 자는 언제나 자신의 직감을 따른다.

– 키케로 *Marcus Tullius Cicero*

영국의 저명한 여류 추리 작가인 아가사 크리스티(Agatha Christie)는 어느 날 연회에 참석했다가 시간이 많이 늦어서야 빠져나올 수 있었다. 그녀는 웃으며 친구들과 인사를 나눈 후, 혼자서 길을 걸었다. 크리스티는 '추리소설계의 여왕'이라 불리며 《아크로이드 살인사건(The Murder of Roger Ackroyd)》, 《오리엔트 특급 살인사건(Murder on the Orient Express)》 등 수십 편의 유명한 작품을 남겼다. 그녀는 자신의 작품 속에서 '에르퀼 푸아로(Hercule Poirot)'와 같은 명탐정 캐릭터를 탄생시켰고 푸아로는 전 세계적으로 많은 인기를 누렸다. 그런데 늘 추리소설만 써오던 그녀에게 소설 속에서나 있을 법한 사건이 일어나고 말았다. 그녀가 어두운 골목길에서 강도를 만난 것이다.

이미 가로등이 꺼진 골목길에는 사람들의 그림자조차 보이지 않았다. 그때, 서둘러 발걸음을 재촉하던 그녀의 앞에 체격이 건장해 보이는 한 남자가 갑자기 날카로운 칼을 들이밀었다. 너무 놀란 그녀는 남자가 자신의 코앞으로 다가오는 동안 꼼짝도 할 수가 없었다. 크리스티는 더 이상 도망갈 길이 없다는 것을 깨닫고는 이렇게 소리쳤다.

"당…… 당신이 원하는 게 뭐예요?"

그녀는 극도로 겁에 질려 있었다. 그러자 강도가 대답했다.

"어서 그 귀걸이를 내놔!"

강도가 원하는 것이 귀걸이라는 사실을 안 순간 찌푸려졌던 그녀의 미간이 다시 펴졌다. 잠시 긴장이 풀렸다. 하지만 목걸이마저 빼앗길까 한 손으로 옷깃을 움켜쥐어 목 위까지 끌어올렸다. 그리고 다른 한 손으로는 귀걸이를 떼어 바닥에 던지며 말했다.

"어서 가져가요. 귀걸이를 줬으니 이젠 가도 되죠?"

그런데 강도는 귀걸이를 줍지 않고 어느새 그녀의 목을 주시하고 있었다. 그녀가 있는 힘껏 옷깃을 움켜쥐었지만, 그 사이로 반짝거리는 목걸이를 발견한 것이다. 그는 더 이상 바닥에 떨어져 있는 귀걸이에 관심이 없는 듯 보였다. 그가 다시 소리쳤다.

"그 목걸이를 내놔!"

"이봐요, 이건 싸구려라 값도 안 나가요. 대신 귀걸이를 드릴게요."

"시끄러워! 빨리 내놔!"

크리스티는 떨리는 손으로 목걸이를 풀어 강도에게 주었다. 목걸이를 건네받은 강도는 골목 저편으로 황급하게 사라졌다. 그녀는 그제야 안도의 한숨을 내쉬었다. 그러고는 얼굴에 기쁨의 미소를 띠며 바닥에 떨어진 귀걸이를 조심스레 주웠다.

사실 그녀의 귀걸이는 몇백만 원짜리 진짜 보석이었지만, 목걸이는 가짜였다. 그녀가 보란 듯이 옷깃을 움켜쥐었던 것은 강도의 시선을 일부러 끌기 위해서였다. 강도가 들고 간 목걸이는 길거리에서 흔히 살 수 있는 저렴한 유리 제품이었다.

아흑! 좌뇌의 전두엽을 스치는~

위기에 직면했을 때는 우선 침착하게 마음을 가라앉힌 다음, 그 상황을 빠져나갈 수 있는 길을 모색해야 한다. 순간적인 기지를 발휘할 수 있느냐 없느냐가 위기를 모면하는 관건이다. 지혜로운 작가 크리스티는 위험한 순간에도 상대방의 심리를 교묘하게 이용하는 순발력으로 위기를 벗어날 수 있었다.

7

현명한 사람을 곁에 두는 것도 지혜다

진정한 지혜를 지닌 자는 외부의 힘을 이용할 줄 안다.

– 셰익스피어 *William Shakespeare*

기원전 218년, 로마군이 시라쿠사(Siracusa)에 쳐들어올 거라는 소식이 온 마을에 전해졌다. 사람들은 걱정이 이만저만이 아니었다. 쓸 만한 장정들은 이미 앞서 전쟁에 내보낸 뒤라 남아 있는 사람이라고는 소수의 마을 주민들뿐이었기 때문이다. 군사 총지휘관은 마음이 급해졌다.

'이대로 가다가는 속수무책으로 당할 수밖에 없어.'

그러던 어느 날, 누군가 그에게 말했다.

"마을에 '아르키메데스(Archimedes)'라는 유명한 사람이 있습니다. 그는 다른 사람들이 생각해내지 못한 방법으로 문제를 해결하는 지혜가 있어요. 어서 그를 찾아가 보십시오."

지휘관은 자신도 모르게 무릎을 탁 치며 말했다.

"그래! 그가 있었지. 왜 진작 그를 찾아가 도움을 청할 생각을 못한 걸까."

아르키메데스는 지휘관의 부탁을 받고 고민에 빠졌다. 정원을 왔다 갔다 하며 생각에 잠겨 있던 중, 뜨거운 태양이 그의 머리 위를 비추는 순간 너무 강렬한 빛 때문에 눈이 아파서 뜰 수가 없었다. 바로 그때, 좋은 생각이 떠올랐고, 아르키메데스는 서둘러 지휘관을 찾아가 말했다.

"온 마을 사람들에게 거울을 준비하라고 하시오. 그리고 같은 시각에 저 성벽 위로 모이라고 해주시오."

지휘관은 아르키메데스가 내놓은 아이디어가 고작 거울이라는 생각에 다소 실망스러웠지만, 끝까지 그를 믿어보기로 했다. 마을 전체의 안전이 아르키메데스에게 달려 있었기 때문이다.

얼마 후, 마을 사람들은 모두 손에 하나씩 거울을 든 채 성벽 위로 모였다. 적군을 태운 함대는 어느새 서서히 성벽에 가까워오고 있었다. 아르키메데스가 외쳤다.

"적군이 가까이 오면 모두 거울을 머리 위로 높이 드시오! 목표는 바로 적군의 우두머리가 있는 함대요!"

적군의 함대가 눈앞에 보이기 시작하자 그가 다시 소리쳤다.

"거울을 들어 제일 앞에 있는 함대를 조준해 비추시오! 어서!"

사람들은 그의 구령에 맞춰 거울을 있는 힘껏 높이 쳐들었다.

그 순간, 기적이 일어났다. 강렬한 태양빛이 사람들의 거울에 반사되어 적군의 함대를 순식간에 불태워버린 것이다. 갑작스러운 불길에 당황한 적군은 우왕좌왕하더니 하나둘씩 후퇴하기 시작했다.

그 후 적군은 성벽에 나뭇잎만 붙어 있어도 아르키메데스가 다시 새로운 무기를 고안해낸 줄 알고 지레 겁먹고 줄행랑을 쳤다. 시라쿠사는 아르키메데스의 지혜 덕에 다시금 안정과 평화를 되찾을 수 있었다.

아이작 뉴턴(Isaac Newton)은 자신의 업적에 대해 이렇게 평가했다.

"내가 남들보다 더 멀리 볼 수 있었던 것은 거인의 어깨를 딛고 서 있었기 때문이다."

뉴턴도 어느 날 갑자기 떨어지는 사과를 보고 만유인력의 법칙을 깨달은 것이 아니다. 그 법칙의 기반이 되는 수많은 지식을 쌓아두었기에 가능했다. 그가 거인의 어깨를 빌려 빛나는 업적을 이루어냈듯 그 역시 후대 사람들에게 든든한 거인의 어깨가 되어준 훌륭한 과학자였다. 자신보다 뛰어난 타인의 힘을 빌려 자신의 부족함을 채우는 일은 인생을 더욱 완벽하게 만들 수 있는 지혜로운 행동이다.

'포기'라는 말은 단순히 잃는 것만을 의미하지 않는다. 우리는 '포기한다'는 행위가 더 나은 것을 얻기 위한 최후의 수단이자 일종의 희생이고 노력임을 알고 있다. 맹자(孟子)는 이렇게 말했다. "물고기도 먹고 싶고 곰 발바닥도 먹고 싶지만, 두 가지를 모두 가질 수 없을 바엔 물고기를 버리고 곰 발바닥을 취할 것이다."

그 역시 포기의 의미와 그것이 지닌 가치를 누구보다 잘 알고 있었던 것이다.

인생은 앞만 보며 달려가는 열차처럼 한번 지나간 길은 두 번 다시 되돌아올 수 없다. 어떤 사람과 동행하든, 어떤 선택을 내리든 모두 당신의 자유다. 적어도 그 선택을 후회하지 않는다면 말이다. 선택이란 언제나 그에 따른 대가를 요구한다. 현재 당신에게 주어진 선택의 기회가 당신의 운명을 결정하는 가장 중요한 순간임을 잊지 말아야 할 것이다.

Chapter 03

포기할 줄 아는 지혜

잘살지는 못해도 쪽팔리게 살지는 말자

당신의 노력과 수고가 반드시 보답이 되어 돌아오지는 않는다. 중요한 것은 당신이 어떤 선택을 하느냐이다.
당신이 무언가를 선택하면 그 무언가는 당신의 것이 되지만, 모든 것을 다 가지려 하면 아무것도 얻지 못할 수도 있다.

– 约翰艾勒斯

우리 모두는 자아를 찾기 위해 힘겹게 세상을 살아가고 있다.
하지만 그 과정이 또 다른 행복임을 깨닫는 데는
너무나 오랜 시간이 걸린다. 사람들은 모두 완벽을 추구하지만,
완벽하지 않을 때가 더 여유롭고 행복하다는 사실을 알아야 한다.
《해리 포터(Harry Potter)》 시리즈에서 마법학교의 교장 '덤블도어'는
학생들에게 이렇게 말했다.
"우리가 어떤 사람인지를 결정하는 것은 우리의 능력이 아니라
우리가 내리는 선택이다."

1
우선순위를 매겨라

인생은 위대한 보물창고다. 나는 어떻게 하면
그 안에서 가장 진귀한 보석을 찾아낼 수 있는지를 알고 있을 뿐이다.

– 헨리크 시엔키에비치 *Henryk Sienkiewicz*

동그란 원이 하나 있었다. 그런데 어느 날, 가위질을 당해 순식간에 삼각형이 되고 말았다. 원은 갑자기 뾰족해진 자기 모습을 보며 실의에 빠졌다. 그리고 결국 이대로 살 수 없다는 생각이 들어 잘려나간 조각 친구들을 다시 찾기로 마음먹었다.

삼각형은 이리저리 친구들의 행방을 수소문했다. 몸이 갑자기 직선으로 변해 길을 걸을 때 속도가 느려질 수밖에 없었지만, 대신 덕분에 길가에 핀 꽃들과 많은 이야기를 나눌 수 있었고 그동안 보지 못했던 자연의 아름다움을 발견할 수 있었다. 그렇게 삼각형은 여러 조각들을 만나봤지만, 자신의 몸에 맞는 것이 하나도 없어 다시 길을 떠나야만 했다.

갖은 고생 끝에 삼각형은 마침내 꼭 맞는 조각을 찾았다. 예전의 둥근 모습을 되찾게 된 원은 너무나 기쁜 나머지 데굴데굴 구르기 시작했다. 그런데 온통 곡선뿐인 몸 때문에 가속도가 붙어 점점 빨라졌고, 쉽게 멈춰지지 않았다. 그래서 예전에 이야기를 나누던 꽃들을 다시 만났지만 인사도 건넬 여유 없이 다시 굴러가야 했다. 결국 원은 다시는 전처럼 세상을 마음껏 구경할 수 없게 되고 말았다.

원은 그제야 자신의 인생에서 소중한 것이 무엇인지를 깨달았다. 그래서 새롭게 붙인 조각들을 떼어내고는 다시 삼각형이 되어 자유로운 인생을 살았다.

2
단 하나의 소원 1

하늘에 반짝이는 별처럼, 사람도 영원히 꿈과 희망의 불빛을 밝힐 수 있어야 한다.

– 막심 고리키| *Maxim Gorky*

미국인, 프랑스인, 유대인 이 세 명의 남자가 3년 동안 함께 감옥살이를 하게 되었다. 교도관이 그들에게 말했다.

"한 사람당 하나씩 소원을 말해보시오. 그럼 3년 동안 그 소원을 누릴 수 있게 해주겠소. 생각할 시간을 하루 줄 테니 잘 생각해보시오. 기회는 이번 단 한 번뿐이오."

잎담배인 시가(Cigar) 피우는 것을 좋아하는 미국인은 3년 동안 시가를 원없이 피우게 해달라고 말했고, 교도관은 그 자리에서 그가 원하는 만큼의 시가를 주었다. 매우 낭만적인 프랑스인은 3년 동안 감옥에서의 무료한 생활을 견딜 수 있게 아름다운 미녀와 함께 있게 해달라고 말했고, 교도관은 흔쾌히 동의했다. 마지막으로 유대인은 다른 것은 필요 없으니

3년 동안 언제든지 외부와 통화할 수 있게 해달라고 말했고, 교도관은 그 날 당장 그의 감방에 전화기를 설치해 주었다.

어느덧 3년이란 시간이 흘러 셋은 모두 출소를 했다. 제일 먼저 나온 사람은 미국인이었다. 그런데 정신없이 밖으로 뛰어나온 그의 입과 콧구멍에는 시가가 잔뜩 끼워져 있었다. 그는 괴로워하며 미친 듯이 소리쳤다.

"불을 달란 말이야! 불을!"

알고 보니 그가 성급한 나머지 시가만 달라고 했을 뿐, 불을 달라는 말을 깜박 잊었던 것이다.

이어서 출소한 사람은 프랑스인이었는데, 그는 아름다운 미녀와 함께 밖으로 나왔다. 그런데 두 명의 어린아이가 각각 그와 미녀의 손을 잡고 따라 나오는 것이 아닌가? 게다가 미녀의 뱃속에는 이미 아이가 한 명 더 들어서 있었다. 프랑스인은 아이들을 바라보며 한숨을 내쉬었다.

'휴, 이제 뭘로 돈을 벌어서 이 애들을 키운단 말이야?'

가장 마지막으로 출소한 사람은 유대인이었다. 그는 기쁜 얼굴로 교도관의 손을 잡고는 몇 번이고 고맙다는 말을 전했다.

"제 소원을 들어준 덕분에 사업이 망하지 않고 계속 이어나갈 수 있었습니다. 그동안 매출이 200퍼센트나 오른데다 가족들과 회사직원들이 모두 제가 나오기만을 기다리고 있어 제 마음이 얼마나 기쁜지 몰라요. 정말 살맛이 납니다."

당신의 목표에 따라 인생의 방향이 달라지고
당신의 선택에 따라 인생의 가치가 달라진다.
현재 당신이 어떠한 삶을 살고 있든지
이는 당신의 선택으로 이루어진 것이다.
선택이 곧 미래다.
따라서 지혜로운 판단을 내리면
미래에 더 많은 성공의 기회를 누릴 수 있다.

3

기회는 단 한 번뿐

'기회'라는 말은 참 매력적이다. 하지만 잡힐 듯 말 듯한 화려한 볼거리는
당신의 눈을 속이기 쉽다. 최고의 기회는 언제나 당신 가까이에 있다.

— 존 버로스 *John Burroughs*

몇몇 학생들이 소크라테스에게 성공의 비결을 물었다. 그러자
그는 학생들을 데리고 넓은 보리밭으로 가서 이렇게 말했다.

"여기서부터 저 보리밭 끝까지 가면서 자신이 생각하기에 가장 크다고
여겨지는 보리 이삭을 하나씩 꺾어오게. 단, 한번 지나간 길은 절대 되돌
아가서는 안 돼. 보리를 꺾을 수 있는 기회는 딱 한 번뿐이네."

학생들은 그의 말이 끝나자마자 제일 큰 보리 이삭을 찾기 위해 이리저
리 걸음을 옮겼다. 기회가 단 한 번뿐이란 말에 모두 신중하게 판단하는
눈치였다. 학생들이 손에 이삭을 하나씩 들고 보리밭 끝에 도착했을 때,
소크라테스는 이미 그곳에서 학생들을 기다리고 있었다.

"다들 마음에 드는 걸로 꺾어왔나?" 소크라테스가 물었다.

그러자 한 학생이 말했다.

"선생님, 기회를 한 번만 더 주시면 안 될까요? 처음 출발했을 때 아주 알이 굵고 큰 이삭을 발견했는데, 나중에 그보다 더 큰 걸 찾게 될까 그냥 지나쳤어요. 그런데 보리밭을 다 지나고 나서야 처음 발견한 게 제일 크다는 걸 알게 됐거든요."

다른 학생들 역시 손에 든 이삭보다 더 큰 것을 발견했지만 기회를 놓쳐버렸다고 말했다. 하지만 소크라테스는 고개를 저으며 대답했다.

"여러분, 성공이란 바로 이런 것이네. 기회는 단 한 번뿐, 두 번째 선택이란 없다네."

➠⟶

옳다고 판단되면 즉시 실행에 옮기고 끝까지 그것에 매달려라. 우물쭈물하지도 말고 전부를 가지려고 애쓰지도 마라. 중요한 것은 우리의 인생에 두 번째 선택이란 없기 때문에 한번 내린 선택에 후회하지 않는 것이다.

4

눈앞의 이익에 현혹되지 마라

인생의 한쪽 문이 닫히면 다른 쪽 문이 열린다.

– 세르반테스 *Miguel de Cervantes*

한 부자의 재산과 권력을 부러워하던 청년이 있었다. 그는 자신도 부자가 되고 싶은 마음에 그 부자를 찾아가 성공의 비결이 뭐냐고 물었다. 하지만 부자는 아무 대답도 하지 않은 채, 주방으로 가더니 커다란 수박을 하나 들고 왔다. 그리고는 수박을 아무렇게나 잘라 삼등분 하고는, 영문을 몰라 하는 청년에게 내밀며 이렇게 물었다.

"여기 크기가 제각각인 수박이 세 조각 있소. 이 수박은 당신이 미래에 가지게 될 성공을 의미하오. 당신이라면 이 중에서 어떤 걸 고르겠소?"

"당연히 제일 큰 걸로 골라야죠." 청년은 망설이지 않고 대답했다.

그러자 부자는 웃으며 말했다.

"좋소. 제일 큰 걸로 줄 테니 맛있게 드시오."

부자는 제일 큰 조각을 청년에게 주고는 자신은 제일 작은 조각을 먹기 시작했다. 청년이 큰 수박을 반쯤 먹었을 때, 부자는 이미 작은 수박을 다 먹고는 의미심장한 눈빛으로 하나 남은 수박을 집어 들었다. 그리고 청년 앞에서 보란 듯이 맛있게 먹었다.

청년은 수박을 다 먹고 나서야 부자가 자신에게 무엇을 말해주려 했는지 깨달았다. 욕심이 앞서 제일 큰 조각을 먹었지만, 부자가 먹은 작은 수박 두 조각의 양이 자신이 먹은 것보다 훨씬 많았던 것이다. 자신이 먹은 수박이 미래의 성공을 의미한다면, 제일 큰 것을 얻고도 오히려 실패하는 꼴이 되고 만 것이 아닌가!

수박을 다 먹은 부자는 청년에게 자신의 성공담을 들려주며 이렇게 말했다.

"이보게, 젊은 양반. 성공하고 싶다면 먼저 포기하는 법을 배우시오. 눈앞의 이익에 욕심을 부리면 훗날 더 크고 좋은 것을 잃게 될 수 있소. 이게 바로 내 성공의 비결이오."

⇛⟶

눈앞의 이익을 포기하면 훗날 더 크고 좋은 것을 얻을 수 있다. 따라서 성공하고 싶다면 먼저 포기하는 법부터 배워야 한다. 하버드의 한 대학교수는 학생들에게 이렇게 말했다.

"더 나은 내일을 위해 순간의 욕심을 버리는 사람이 진정 용기 있고 지혜로운 사람입니다."

5
단 하나의 소원 2

인생은 빠르게 흘러가며 기회란 두 번에 나뉘어 오지 않는다.
지금 선택하지 않으면 기회는 영원히 돌아오지 않는다.

– 로맹 롤랑 *Romain Rolland*

한 남자가 자신에게 이런 질문을 던졌다.

"인생이란 무엇인가? 내게 가장 필요한 것, 또 내가 가장 원하는 것은
뭘까?"

그는 젊었을 때만 해도 온 세상이 자신의 발아래 펼쳐진 듯 자신감이 넘
쳤다. 이 세상에 해내지 못할 일은 없다고 생각한 적도 있었다. 그러던 어
느 날, 신이 그를 찾아와 물었다.

"네 소원이 무엇이냐? 네게 소원을 이룰 수 있는 특권을 줄 테니 딱 한
가지만 말해보아라."

"한 가지만요? 저는 소원이 아주 많은데요."

남자가 뽀로통한 얼굴로 대답했다. 그러자 신이 말했다.

"그래, 젊은 나이에 하고 싶은 일도 많고 갖고 싶은 것도 많겠지. 하지만 인생은 짧아서 모든 것을 다 가질 수는 없단다. 얻는 것이 있으면 당연히 잃는 것도 있는 법, 후회하지 않도록 신중하게 선택하여라."

"후회라니요?" 남자가 놀란 얼굴로 물었다.

"한 치 앞을 누가 알겠느냐? 사랑을 선택하면 이별에 대한 두려움을 이겨내야 하고, 지혜를 선택하면 평생 사람들의 독단과 편견에 맞서 싸워야 하지. 재물을 선택하면 마음이 편할 것 같으냐? 돈 문제로 이리 치이고 저리 치이는 사람이 한둘이 아니란다. 사람들은 늘 지나온 길을 되돌아보며 '그때 다른 길을 갈 걸.' 하고 후회하며 살지. 너도 잘 생각해보면 진정으로 원하는 게 뭔지 알 수 있을 거다."

"그럼 생각할 시간을 조금만 주세요."

그는 오랫동안 고민에 빠졌다. 하지만 아무리 고민해도 사랑과 권력, 재물과 성공 중 어느 하나도 쉽게 포기할 수가 없었다. 그는 결정을 내리지 못한 채 계속 시간을 끌었다. 그러자 신이 그를 재촉했다.

"시간이 없다. 어서 서둘러라."

남자는 그때부터 하나에서 열까지 비교하고 따지는 버릇이 생겼다. 자신에게 무엇이 필요한지 우선순위를 정해 목록을 만들었지만, 얼마 지나지 않아 순위를 바꾸게 되고 쉽게 마음이 굳혀지지 않았다. 한 가지를 정하고 나면 왠지 그것보다 더 중요한 것이 생겨날 것만 같은 생각이 들었다.

그렇게 1년이 흐르고 10년이 흘러, 그는 어느새 백발이 성한 할아버지가 되어 있었다. 그때 신이 다시 그를 찾아와 말했다.

"쯧쯧, 아직까지 결정을 내리지 못했느냐? 이제 네 생명이 5분밖에 남지 않았다."

"네? 뭐라고요? 그럼 5분 뒤에 제가 죽는다는 말씀이세요?"

그는 순간 마음이 다급해졌다.

"저는 그동안 제가 가장 원하는 게 뭔지 찾느라 제대로 된 사랑 한번 못해봤어요. 돈을 모을 시간이 없어 마음껏 돈을 써본 적도 없었고, 경험이나 지혜를 쌓지도 못했어요. 지금껏 아무것도 얻은 게 없다고요! 어떻게 인생이 이렇게 허무하게 끝나버릴 수 있죠?"

그는 뒤늦게 자신의 신세를 한탄했지만, 신은 정확히 5분 뒤에 그의 생명을 가져가버렸다.

⇉⟶

성공하고 싶다면 기회를 놓치지 마라. 기회란 그것을 잡으려고 준비하는 자에게만 주어지는 특권이다. 당신이 인생이란 여정을 항해하는 여행객이라면, 기회는 당신을 이끌어줄 가이드다. 미리 짐을 꾸리고 기다렸다가 기회가 찾아온 순간 주저 없이 새로운 곳으로 떠나야 한다.

6

버려야 얻는다

어리석은 사람은 자신에게 득이 되는 지혜도 듣지 않는다.

- 셰익스피어 *William Shakespeare*

한 유명한 학자가 하버드 대학에서 강연을 하게 되었다. 그의 강연 주제는 시간을 어떻게 관리할 것인가에 관해서였다. 그런데 그의 강연이 끝나갈 무렵, 한 여자가 그에게 이렇게 물었다.

"저는 매일 버스를 타고 출퇴근하는 데만 세 시간을 소비해요. 가끔씩 빈자리가 있으면 앉아갈 때도 있지만 버스가 심하게 흔들려서 책이나 신문을 읽는 건 엄두도 안 나요. 직접 운전을 할까 생각도 해봤지만 그러면 너무 피곤할 것 같더라고요. 그렇다고 마음에 드는 직장을 그만둘 수도 없고 당장 이사를 할 수도 없고, 어떻게 해야 매일 세 시간을 절약할 수 있을까요?"

그러자 학자는 이렇게 답변했다.

"시간을 관리하는 데 무엇보다 중요한 건 융통성을 발휘할 수 있는 부분을 찾는 일입니다. 모든 일은 내 의지에 따라 변화를 줄 수 있는 부분과 내 의지로도 어찌할 수 없는 부분이 공존하죠. 버스가 심하게 흔들리는 건 당신 힘으로 어찌할 수 없는 일이지만, 당신의 의지에 따라서 이직을 하거나 회사 가까운 곳으로 이사를 하면 좋을 듯하군요."

"하지만 이사할 형편이 안 돼요. 지금 다니고 있는 회사도 무척 마음에 들고요." 여자가 말했다.

"물론 이사하는 게 쉬운 일은 아니죠. 회사가 마음에 들면 굳이 이직을 할 필요도 없고요. 하지만 이직도 싫고 이사도 싫고 운전하기도 싫다면, 결국 방법은 하나뿐이군요. 잠자는 시간을 줄여서 책을 보는 수밖에요. 모자란 잠은 버스 안에서 보충하면 되니까요."

그러자 여자가 다시 말했다.

"매일 여덟 시간씩 자는 게 습관이 돼서 일찍 일어나는 건 불가능해요. 어쩌다 일찍 일어나는 날에는 종일 피곤하거든요."

여자의 계속되는 투정 섞인 대답에 학자는 이렇게 말했다.

"참으로 어리석은 사람이군요. 버스 안에서 보내는 세 시간이 아깝다고 불평하면서도 정작 이사도 싫고 이직도 싫고 잠도 잘 만큼 자야 한다면, 무슨 수로 시간을 절약한단 말입니까?"

얻고 싶은 것이 있다면 먼저 버려야 한다. 주먹을 꼭 쥐고 있으면
그 안에 하나밖에 담을 수 없지만, 손을 펴면 당신이 원하는 것은 뭐든지
가질 수 있다. 지치고 힘든 생활에 변화를 주고 싶은가?
만약 환경을 바꿀 수 없다면 당신 자신을 바꿔보는 것은 어떨까?
아무것도 버리지 않은 채 계속 얻을 생각만 하는 것은 매우 어리석은 행동이다.

7

쓸데없는 고집은 내려놓아라

성공의 첫 번째 비결은 기회가 왔을 때, 그것을 놓치지 않고 잡는 것이다.

– 벤자민 디즈레일리 *Benjamin Disraeli*

땔감을 모아 겨우 생계를 이어가는 두 명의 나무꾼이 있었다. 그러던 어느 날, 나무를 하고 내려오다가 산길 한가운데 버려진 목화솜 꾸러미를 발견했다. 두 사람은 뜻하지 않은 횡재에 입을 다물 수가 없었다. 당시 목화솜의 가격은 땔감보다 수십 배나 비쌌기 때문이다.

'이것만 있으면 우리 가족들이 올 겨울을 편안하게 지낼 수 있겠어.'

두 나무꾼은 주저 없이 땔감 대신 목화솜을 등에 지고 기쁜 마음으로 길을 걸었다. 그렇게 한참을 걷다가 갑자기 한 나무꾼이 외쳤다.

"저기 좀 봐! 비단이잖아!"

그가 가리킨 곳에는 비단 두 필이 놓여 있었다. 가까이 가서 보니 어디 하나 흠잡을 데 없는 최고급 비단이었다. 두 사람은 어안이 벙벙했다.

"누가 산속에 이런 귀한 비단을 버려두고 간 거지?"

그중 한 나무꾼이 말했다.

"난 목화솜 대신 이 비단을 지고 가겠어. 자네는?"

그러자 다른 나무꾼이 말했다.

"난 그냥 목화솜을 지고 갈 거야."

그는 문득 이미 무거운 목화솜을 지고 한참을 걸어왔는데 여기에 버리고 가자니 그동안 지고 온 시간이 아까운 생각이 들었다. 게다가 비단이 목화솜보다 더 싼값이면 어쩌나 하는 걱정도 앞섰다. 두 나무꾼은 각각 목화솜과 비단을 지고 서둘러 발걸음을 옮겼다. 그렇게 다시 한참을 걷고 있는데, 비단을 지고 있던 나무꾼의 눈이 순간 휘둥그레졌다. 길가에 뭔가 반짝이는 것이 보여 다가갔더니 황금이었다. 그는 이게 웬 횡재냐 싶어 얼른 비단을 내려놓고 황금을 주워들었다. 그러고는 친구에게 말했다.

"난 비단 대신 이 황금을 들고 가겠네. 시장에 내다 팔면 높은 값을 받을 수 있을 거야."

하지만 목화솜을 진 나무꾼은 여전히 고집을 부렸다.

"벌써 반나절이나 지고 왔는데 여기서 황금이랑 바꾸자니 왠지 아까운 생각이 드는구먼. 그건 자네나 들고 가게."

그는 지금껏 힘들게 목화솜을 지고 온 시간이 아까운 생각이 들었다. 혹시 황금이 가짜면 어쩌나 걱정이 되기도 했다. 두 나무꾼은 각각 목화솜과 황금을 들고 다시 길을 재촉했다. 그런데 이게 또 웬일인가! 산 중턱에 이르자 난데없이 소나기가 쏟아졌고, 두 나무꾼은 피할 새도 없이 비에

흠뻑 젖고 말았다. 그런데 큰일이 벌어졌다. 목화솜이 빗물을 빨아들여 원래 무게보다 훨씬 더 무거워진 것이다. 이미 지칠 대로 지친 나무꾼은 더 이상 목화솜을 지고 갈 힘이 남아 있지 않았다. 그는 그제야 진작 목화솜을 황금과 바꾸지 않은 것을 후회했지만, 이미 늦어버렸다. 결국 그는 황금을 든 친구를 부러워하며 빈손으로 집에 돌아가야 했다.

➡️

기회란 언제 찾아올지 모르는 것이기에 신중하게 생각하고 정확하게 판단해야 한다. 그리고 자신의 선택이 정말 옳은 것인지 끊임없이 돌아보는 일도 잊지 않아야 한다. 융통성을 발휘하는 일도 곧 지혜. 지혜로운 사람은 결코 목화솜을 진 나무꾼처럼 쓸데없는 고집을 부리지 않는다.

기회가 찾아왔을 때, 사람들은 저마다 다른 선택을 내린다. 그 기회를 순수하게 받아들이는 사람이 있는가 하면, 혹시 나한테 해가 되지는 않을까 일단 의심부터 하는 사람도 있다. 다른 선택은 다른 결과를 가져온다. 당신에게 찾아온 기회가 진짜인지 아닌지를 구별하려면 진흙 속에서도 보물을 발견할 수 있는 안목이 필요하다. 그 안목이 인생의 성패를 결정하는 요인이다.

8

꿈의 그릇을 키워라

남의 생활과 비교하지 말고 네 자신의 생활을 즐겨라.

– 니콜라 드 콩도르세 *Nikolas de Condorcet*

한 연못가에 수많은 사람들이 둘러앉아 낚시를 즐기고 있었다. 그런데 다들 운이 없는지 어느 누구도 물고기를 낚아 올리는 사람이 없었다. 그런데 잠시 후, 한 남자가 대어를 낚았고 사람들의 시선은 순식간에 그에게로 집중되었다. 그런데 이상한 일이 벌어졌다. 그 남자가 물고기를 요리조리 살펴보며 크기를 재더니 다시 연못으로 돌려보내는 것이 아닌가! 사람들은 모두 그의 행동을 이해할 수가 없었다. 물고기를 놓아주는 것은 엄연한 그의 자유지만, 아까운 생각이 드는 것은 어쩔 수가 없었다.

하지만 남자는 태연한 표정으로 낚시를 시작했고 곧 다시 대어를 낚아 올렸다. 그런데 이번에도 물고기를 요리조리 살피더니 연못으로 놓아주는 것이 아닌가! 더욱 이상한 것은 잠시 후 전의 것보다 훨씬 작은 물고기를 낚아 올리자 그제야 물고기를 바구니에 담는 것이었다. 그 광경을 지켜보던 사람들 중 한 명이 궁금증을 참다못해 그에게 물었다.

"아무리 낚시를 취미로 한다지만, 당신의 행동은 이해가 되질 않는군요. 두 번이나 대어를 낚고도 그냥 놓아주더니 왜 작은 물고기는 그냥 바구니에 담는 겁니까? 그런 물고기는 이 연못이 아니더라도 얼마든지 쉽게 낚을 수 있을 텐데요."

그러자 남자는 웃으며 이렇게 대답했다.

"제가 들고 온 바구니가 작아서 이 정도 크기의 물고기밖에 담을 수가 없거든요."

사람들은 무의식적으로 현재의 경험과 지식을 바탕으로 미래를 내다보려 한다.
따라서 고정관념이나 편견 등 편협한 사고를 지니고 있을수록
세상을 바라보는 시야가 좁아져 성공을 얻기 어렵다.
당신이 꿈꾸는 미래가 '대어'라면 그것을 담을 '바구니'는
현재의 신념과 인생관에 따라 그 크기가 달라진다.
큰 포부와 용기를 지녀야만 그 안에 '대어'를 담을 수 있다.

인류가 창조된 순간부터 신은 사람들의 마음속 가장 깊은 곳에 그 크기를 가늠할 수 없는 씨앗을 심어놓았다. 그것을 우리는 '잠재력'이라 부른다. 그런데 문제는 그 씨앗을 너무 깊은 곳에 심어놓아 사람들이 자기 마음속에 그것이 있는지조차 잊은 채 살아간다는 것이다.

큰 도전을 앞두고 자신의 능력을 의심해본 적이 있는가? 지금보다 더 높은 곳으로 날아가고 싶은가? 그렇다면 마음속의 씨앗에 물을 주어 싹을 틔우고 열매를 맺게 하라. 그 씨앗이 무럭무럭 자라 당신의 인생을 환히 비춰줄 것이다.

Chapter 04

내면의 힘을 재발견하라

잘살지는 못해도 쪽팔리게 살지는 말자

할 수 있다는 자신감이 곧 그 사람의 능력이다. 한번 실천해본 사람은 다시 하는 것을 꺼리지 않는다.

– 프랭클린 루스벨트 *Franklin Roosevelt*

1

상상력이 성공의 시작이다

돈을 잃는 것은 적게 잃은 것이다. 그리고 명예를 잃은 것은 크게 잃은 것이다.
그러나 용기를 잃는 것은 전부를 잃는 것이다.

– 윈스턴 처칠 *Winston Churchill*

칸이라는 소년은 매일 사람들의 구두를 닦아주며 생활하고 있었다. 그는 케임브리지에서 일한 지 오래되었는데 그곳 사람들이 유난히 친절해서 다른 곳으로 옮겨갈 마음이 들지 않았다. 그런데 오늘 찾아온 손님은 심하게 거드름을 피우며 칸의 신경을 거슬리게 했다. 남자의 얼굴에 가득한 수염을 본 칸은 그를 어디선가 본 듯한 생각이 들었지만, 어디에서 봤는지 얼른 떠오르지 않았다.

"얘야, 넌 일주일에 얼마를 버니?"

남자가 다소 무시하는 말투로 칸에게 물었다. 칸이 대답을 하지 않자 그가 다시 말했다.

"내가 너만 할 때는 돈이 아주 많았단다. 그때는……."

칸은 남자의 말을 귓등으로 들은 채 계속해서 기억을 더듬었다. 분명 어디선가 본 적이 있는 익숙한 얼굴이었다. 그런데 순간 아차 싶은 생각이 들었다. 한 은행 문에 붙은 지명수배범 전단에서 그의 사진을 봤던 것이다. 그는 경찰들이 쫓고 있는 범죄자였다. 칸이 알아챘다는 사실을 알 리 없는 남자는 계속해서 떠들어댔다.

"돈을 버는 일은 생각 외로 간단해. 상상력만 있으면 되는데 사람들은 하나같이 상상력이 부족하거든. 너도 종일 구두만 닦고 있으려니 참 갑갑하겠구나."

칸은 당장이라도 이 상황을 벗어나고 싶은 마음에 구두를 닦는 손길을 더욱 빠르게 했다. 남자가 다시 말을 이었다.

"난 열여섯 살 때 2,500달러를 벌었단다."

남자의 말이 끝나자마자 문득 어떤 생각이 칸의 머리를 스치고 지나갔다.

'참, 현상금이 걸려 있었는데 그게 얼마였더라? 2,500달러? 아니면 5,000달러?'

칸은 순간 이 남자만 잡으면 큰돈을 벌 수 있을 거라 판단했다. 하지만 그를 잡을 뾰족한 수가 떠오르지 않았다. 저렇게 덩치가 큰 남자를 자기가 무슨 수로 당해낸단 말인가? 칸이 잠시 생각에 잠기는 동안에도 남자의 잘난 척은 멈출 줄 몰랐다.

"돈을 벌려면 상상력도 중요하지만, 무엇보다 용기가 있어야 해. 너도 구두만 닦지 말고 구두끈이나 구두약으로 뭔가 창의적인 일을 시작해보렴."

그 순간, 칸은 길 반대편에 서 있는 경찰을 발견했다.

'그래, 지금이 기회야!'

칸은 조심스럽게 남자의 구두끈을 서로 묶어두었다. 남자는 저 멀리 경찰이 보이자 당황한 기색이 역력했다. 그리고 서둘러 자리를 뜨려고 했다.

"얘야, 이만하면 됐어. 그만 가야겠구나."

경찰이 다가오자 칸은 힘껏 외쳤다.

"여기 지명수배범이 있어요! 빨리 잡아가세요!"

그러자 남자는 화들짝 놀라며 칸의 입을 막으려고 했다. 하지만 양쪽 구두끈이 묶여 있어 일어서자마자 '꽈당' 하고 바닥에 나뒹굴고 말았다.

몇 분 후, 남자는 경찰들에게 붙잡혀 갔다. 그리고 칸은 7,500달러의 현상금을 손에 넣었다. 한 경찰이 칸에게 말했다.

"넌 참 용감하고 똑똑한 아이구나. 어떻게 그 와중에 구두끈을 묶을 생각을 다 했니?"

그러자 칸이 대답했다.

"제가 똑똑한 게 아니에요. 그 아저씨가 잠자는 제 상상력을 깨워줬어요. 구두끈이나 구두약으로 창의적인 일을 해보라고 하던 걸요? 전 그저 약간의 용기를 냈을 뿐이에요."

너도 노력하면 가능해

인간의 잠재력은 무한하지만, 안타깝게도 인생을 사는 동안
그 잠재력의 절반도 채 사용하지 못한다고 한다.
잠재력은 순간적인 기지와 지혜로도 발휘된다.
아인슈타인은 일찍이 이런 말을 했다.
"사람의 두뇌를 100으로 봤을 때, 보통 사람들은 그것의 35퍼센트밖에
쓰지 못한다. 천재는 그보다 8퍼센트를 더 쓸 뿐이다."
순발력과 상상력, 그리고 용기. 이 모든 것은 지혜가 있어야만
발휘될 수 있다는 사실을 기억하라.
그리고 당신 역시 선천적으로 천재로 될 가능성을 타고났음을 믿어라.

사람의 이상과 희망, 신념은 모두 그 사람의 의지에 달려 있다.
이 말은 곧 당신이 어떤 의지와 마음가짐을 지녔느냐에 따라서
인생이 바뀔 수 있다는 뜻이다.
할 수 있다는 자신감은 잠자는 잠재력을 깨워 당신을 최고로 만들어줄 것이다.

2

자신감이 잠재력을 깨운다

인간의 가장 두려운 적은 바로 나약한 신념이다.

– 로맹 롤랑 *Romain Rolland*

하버드 대학교에 몸담고 있는 두 명의 심리학자가 천재를 구별해낼 수 있는 정확한 지능테스트를 발명했다고 언론을 통해 밝혔다. 그들은 연구의 정확성을 입증하기 위해 한 초등학교를 찾아가 실험을 했는데, 한 반의 학생들에게 시험지를 나눠준 후 그것을 풀게 하여, 그중 천재성을 지닌 다섯 아이의 이름을 공개했다.

20년 후, 두 심리학자는 자신들의 연구가 정확했음을 입증할 수 있었다. 과거 천재로 지목한 다섯 아이들이 모두 사회 각 분야에서 성공하여 탁월한 업적을 내고 있었던 것이다. 이들의 연구결과는 곧 전 세계의 관심을 받기 시작했다. 그리고 기자들이 찾아와 그때 실험한 지능테스트가 무엇이었는지 공개해달라고 부탁했다.

20년 전에 중년이었던 심리학자들은 어느새 백발의 노인이 되어 있었다. 그들은 자신들의 '비밀'을 공개하기로 마음먹고는 기자들 앞에 상자 하나를 내밀었다. 그 상자는 오랫동안 꺼내보지 않은 듯 먼지가 가득 쌓여 있었다. 심리학자 중 한 사람이 기자들을 향해 말했다.

"그때 아이들에게 나눠주었던 시험지가 여기에 들어 있습니다. 하지만 우리는 그 시험지의 답안을 몰라요. 사실 서른 명의 아이들 중 무작위로 다섯을 골라낸 것뿐입니다. 하지만 실험은 성공적이었어요. 그 아이들이 타고난 천재는 아니었지만, 성공할 수 있다는 자신감이 정말로 그들을 인생의 승리자로 만들어줬으니까요. 그리고 그들을 천재로 성장시키려는 부모와 학교, 사회의 도움과 관심도 큰 몫을 했습니다."

3

불가능을 믿지 마라

세상의 그 어떤 것도 나의 의지와 신념을 무너뜨리지는 못한다.

– 토마스 하디 *Thomas Hardy*

한 장난꾸러기 아이가 우연히 산속을 지나다 독수리 둥지에 든 알을 발견했다. 아이는 집에 있는 암탉에게 이 알을 품게 하면 독수리가 태어나는 것을 볼 수 있을 거라는 생각에 얼른 하나를 집어 집으로 달려왔다. 그리고 며칠 뒤, 알에 금이 가기 시작하더니 정말로 새끼 독수리가 태어났다. 새끼 독수리는 자신이 독수리인지도 모른 채 다른 닭들과 어울려 함께 곡식을 쪼아 먹으며 자랐다.

그런데 하루는 엄마 닭이 다급하게 뛰어오며 병아리들을 우리 안으로 밀어 넣기 시작했다. 알고 보니 큰 독수리 한 마리가 닭장 주변을 맴돌고 있었던 것이다. 엄마 닭은 독수리에게 새끼를 빼앗길까 마음이 불안했다.

그런데 하늘을 나는 독수리의 모습을 본 순간, 어린 독수리는 자신도 모르게 이렇게 중얼거렸다.

"와, 멋있다! 내가 만약 독수리로 태어났다면 저렇게 멋진 날개를 가졌을 텐데."

그러자 옆에 있던 한 병아리가 코웃음을 치며 말했다.

"이 바보야! 닭이 어떻게 하늘을 나니? 꿈 깨."

"그래, 네 말이 맞아. 닭은 하늘을 날 수 없어. 그렇지?"

어린 독수리는 얼른 고개를 돌려 병아리와 함께 곡식을 쪼아 먹었다. 그러던 어느 날, 한 동물 조련사가 친구와 함께 농장을 지나게 되었다. 그들은 닭장 속에 독수리가 있는 것을 발견하고는 깜짝 놀랐다. 조련사가 말했다.

"왜 독수리가 저기에 있는 거지? 내가 데려다가 나는 법을 가르쳐야겠어."

그러자 친구가 그를 말렸다.

"병아리와 함께 자라 이미 날개가 퇴화했을 거야. 그만 포기하게."

하지만 조련사는 그와 생각이 달랐다. 그는 독수리를 농장지붕 꼭대기에서 아래로 떨어뜨리면 분명 날개가 펴질 거라고 믿었다. 하지만 독수리는 '파닥파닥' 몇 번 날갯짓을 하는 듯하더니 금세 바닥으로 떨어지고 말았다. 그리고 언제 그랬냐는 듯 다시 먹이를 먹기 시작했다.

조련사는 여기서 포기하지 않았다. 그는 마을에서 가장 높은 나무를 찾아 그 위에서 독수리를 아래로 떨어뜨렸다. 비록 닭들과 함께 자랐지만 본능은 숨길 수 없을 거라고 믿었다. 하지만 이번에도 독수리는 날아오르지 못하고 바닥으로 떨어져버렸다.

결국 조련사는 독수리를 절벽 위로 데려갔다. 친구가 그를 말렸지만, 조련사는 여전히 확신에 차 있었다. 독수리는 천천히 아래를 내려다보았다. 집과 농장, 강과 나무들이 모두 자신의 발아래 있다는 사실에 알 수 없는 환희가 느껴졌다. 그러면서 날개 밑이 간질거려왔다. 조련사가 독수리를 잡고 있던 손을 놓자, 독수리는 아래로 떨어져버리는 듯하더니 금세 날개를 활짝 펴고는 마침내 하늘 위로 날아올랐다. 독수리는 조련사 덕분에 잃었던 본능과 자유를 되찾을 수 있었다.

➤——▶

어쩌면 우리 역시 어린 독수리와 다를 바가 없다. 하늘을 날 수 있는 날개가 있는 것도 알지 못한 채 하늘을 나는 꿈만 꾸고 있지는 않는가? 더 웃긴 일은 이러한 꿈이 종종 주위 사람들의 "그건 불가능한 일이야." 또는 "네가 어떻게 그걸 해?"라는 몇 마디 말에 금세 부서져버린다는 것이다.

당신이 정말로 독수리라면 이제라도 늦지 않았으니 바다을 딛고 하늘로 날아올라라. 현실에 안주한 채 곡식만 쪼아 먹고 있다가는 평생 병아리를 낳을 수 없는 닭으로 살게 될 것이다.

4
도전하는 마음

신은 인간의 의지를 단련시키기 위해서 인생 곳곳에 장애물을 심어두었다.

– 타고르 *Rabindranath Tagore*

피아노를 전공하는 한 학생이 교수로부터 악보를 받아들고는 자신도 모르게 울상을 지었다.

"뭐가 이렇게 어려워." 학생은 혼잣말로 중얼거렸다.

처음 피아노 공부를 시작했을 때는 누구보다 자신감이 넘쳤던 그였지만, 새로운 교수를 만난 후부터는 피아노를 포기하고 싶은 생각마저 들었다. 수업을 들은 지 벌써 3개월째로 접어들었지만, 아직도 교수의 수업방식에 적응이 되지 않았다. 그를 가르치는 교수는 꽤 유명한 연주가였다. 그 교수는 수업을 시작한 첫날부터 처음 보는 악보를 던져주고는 일단 한 번 연주해보라고 말했다. 학생은 나름대로 최선을 다해 연주했지만 처음 접한 곡이라 실수를 많이 하고 말았다. 그러자 교수는 이렇게 말했다.

"아직 서툴구나. 집에 가서 열심히 연습해보렴."

학생은 실수를 만회하고 싶은 마음에 일주일 동안 열심히 연습했다. 그런데 다음 주가 되자 교수는 더 어려운 악보를 던져주며 이렇게 말하는 것이 아닌가!

"오늘은 이걸 연주해보렴."

학생은 순간 황당했다. 교수는 지난주에 준 악보에 대해 그 어떤 언급도 하지 않았던 것이다.

일주일이 지나고 교수는 그전보다 훨씬 더 어려운 악보를 건네주었다. 학생은 이런 패턴의 수업이 반복되자 슬슬 지쳐가기 시작했다. 어느 때는 자신의 실력으로는 감당하기 어려운 악보를 매주 하나씩 던져주는 교수에게 짜증이 나기도 했다. 아무리 연습해도 악보 하나를 소화해내는 데는 일주일이 넘는 시간이 걸리는데 갈수록 어려워지니 자신의 실력에 회의가 들기까지 했다.

그러던 어느 날, 교수는 여느 때처럼 말없이 강의실로 들어섰다. 학생은 오늘만큼은 기필코 교수에게 지난 3개월 동안 자신을 왜 그토록 괴롭혔는지 이유를 물어볼 작정이었다. 그런데 교수는 뜻밖에도 처음 수업을 시작한 날 학생에게 건네준 악보를 다시 주며 이렇게 말했다.

"오랜만에 이걸 한번 연주해보겠니?"

학생은 마지못해 피아노 앞에 앉았다. 그리고 천천히 연주를 시작했다. 그런데 놀라운 일이 벌어졌다. 매번 새로운 곡을 연습하느라 시간에 쫓겨 제대로 연습하지도 못했는데 지금은 그 악보를 완벽하게 연주하고 있었던 것이다. 교수는 또다시 두 번째 곡을 연주하게 했고, 학생은 이번에도 완벽하게 연주해냈다. 그는 영문을 몰라 연주하는 내내 입을 다물 수가 없었다. 잠시 후, 교수가 학생에게 말했다.

"그동안 매번 어려운 곡을 연주하느라 수고가 많았네. 하지만 이 모든 게 다 자네를 위한 거였어. 어려운 악보를 연주하는 동안 자네 실력이 몰라보게 많이 늘었군. 만약 자네가 3개월 동안 오직 한 곡에만 매달렸다면, 오히려 그것을 끝까지 연주해내지 못했을 거야."

나는 날 수 있다! 나는 날 수 있다...

사람들은 자신에게 익숙한 일들만 하려는 습성이 있다.
자신이 제일 잘하는 일을 하고 싶어 하는 마음은 누구나 똑같을 것이다.
하지만 문득 뒤를 돌아보면 지난날 자신을 힘들게 했던 일들과 환경,
인생의 도전들이 어느새 스스로를 강하게 만들어 놓았다는 사실에 놀라게 될 것이다.
잠재력은 누구에게나 주어진 선물이지만, 열심히 노력하고 발굴하지 않으면
영원히 그것이 주는 기쁨을 알지 못한다.

사람은 세상에 태어나는 순간부터 무한한 창의력을 발휘해야 할 의무가 주어진다. 맹목적으로 대세를 따르거나 옛것을 답습하는 사람은 시간 속에 홀로 뒤처지기 쉽다. 하지만 끊임없이 상상력을 발휘하여 새로운 것을 창조해내는 사람은 어디서나 그 능력을 인정받게 된다.

보통 사람들은 이미 누군가의 발자국이 남겨진 길을 따라가기를 원한다. 하지만 창의적인 사람은 아무도 가지 않은, 그 누구의 발자국도 남지 않은 길을 개척하고 싶어 한다. 그런 길일수록 자신의 발자국을 더욱 선명하게 새겨둘 수 있기 때문이다. 이것이 바로 창의적인 사람과 그렇지 않은 사람의 차이다. 인류의 문명은 이런 창의적인 사람들에 의해 창조되고 유지되어왔다.

Chapter 05

창의력은 신이 준 선물이다

잘살지는 못해도 쪽팔리게 살지는 말자

인생의 방관자들이 할 수 있는 일이라고는 타인의 창의력에 감탄하는 것뿐이다.

– 존 애덤스 *John Adams*

1

창의력이 성공을 낳는다

상식의 개념을 파괴하는 것이 곧 지혜를 창조하는 길이다.

- 윌리엄 블레이크 *William Blake*

오래전 독일군이 유대인들을 핍박하던 때, 아우슈비츠 수용소에 감금되어 있던 한 유대인이 그의 아들에게 말했다.

"지금 우리가 가진 유일한 재산은 바로 지혜란다. 다른 사람들이 모두 '1 더하기 1이 2'라고 말할 때, 넌 최소한 2보다 더 큰 숫자를 생각해내야 해."

그 후, 나치 정권이 수용소에 수감된 모든 유대인들을 독살하려고 했지만 이 부자는 운 좋게 목숨을 건질 수 있었다.

1946년, 전쟁이 끝난 후 두 부자는 미국 텍사스 주의 휴스턴으로 건너와서 청동(青銅)사업을 시작했다. 하루는 아버지가 아들에게 물었다.

"요즘 청동 1파운드(약 450g)의 가격이 얼마인지 알고 있니?"

아들이 대답했다. "35센트예요."

"그래, 제대로 알고 있구나. 이 청동을 잘만 활용하면 재산을 크게 불릴 수 있단다."

그리고 20년 후, 아버지가 죽고 아들이 사업을 물려받았다. 아들은 청동으로 타악기나 스위스 시계의 분침과 초침 그리고 운동 경기 시상식에 쓰일 메달 등을 제작하는 일을 했다. 그 사이 청동은 값이 올라 1파운드가 3,500달러에 팔리게 되었고, 그는 청동사업으로 많은 돈을 번 기업인이 되었다. 그런 그가 뉴욕의 거대한 금속 쓰레기 더미를 깔끔하게 처리하여 세상을 놀라게 한 일화가 있다.

1974년, 미 연방정부는 뉴욕의 '자유의 여신상'을 깨끗하게 보수한 후 생겨난 각종 금속 쓰레기 더미를 처리해야만 했다. 정부는 그 업무를 담당할 업체가 필요해 일부러 공고를 냈지만, 몇 달이 지나도록 이 일에 뛰어들겠다는 곳이 없어 골머리를 앓고 있었다. 프랑스에서 여행 중이던 아들은 이 소식을 전해 듣자마자 곧바로 모든 여행 일정을 취소하고 재빨리 뉴욕으로 날아갔다. 그리고 여신상 아래 산처럼 쌓여 있는 각종 금속 쓰레기를 본 뒤 그는 아무런 조건도 없이 계약서에 서명을 했다.

당시 텍사스 주에 있던 많은 운송 업체들이 그를 보며 혀를 끌끌 찼다. 그들은 그가 너무나 어리석은 짓을 했다며 갖은 비난과 조롱을 퍼부었다. 그도 그럴 것이 다른 도시와는 달리 뉴욕은 쓰레기 처리 규정이 상당히 엄격한 도시로 많은 기업들이 쓰레기 때문에 환경보호단체로부터 기소를 당해 회사 간판을 내리기 일쑤였다. 그는 먼저 인부들에게 각종 금속 쓰레기들을 분류하는 일을 맡겼다. 그리고 청동 조각들을 녹여 자유의 여신상 미니어처(Miniature)를 만들었고, 목재로는 미니어처 받침을, 그 밖에 남은 금속으로는 뉴욕의 광장을 본뜬 열쇠고리를 만들었다. 그리고 심지어 여신상의 몸에서 털어낸 먼지까지 포장하여 먼 곳에서 온 관광객들에게 돈을 받고 팔았다. 그는 계약서에 서명을 한 지 3개월도 지나지 않아 그 금속 쓰레기 더미를 미니어처, 뉴욕 광장을 본뜬 열쇠고리 그리고 기념용 먼지 등으로 만들어 팔아 총 400만 달러의 수익을 올렸다. 그 후, 청동의 가격은 처음보다 1만 배나 더 올랐다.

다른 사람의 발자국을 따라 걷는 사람은 영원히 그 길 위에 자신의 발자국을 남길 수 없다. 창의력은 또 다른 의지를 낳고 그 의지가 성공을 낳는다. 급변하는 현대사회의 유일한 경쟁력은 남들과 다른 아이디어를 창출하는 것이다.

미켈란젤로의 지혜

훌륭한 사람은 오직 자기가 할 수 있는 일을 하는 사람이다.
그러나 그렇지 못한 사람은 할 수 있는 일은 하지 않고, 할 수 없는 일만 늘 바란다.

– 로맹 롤랑 *Romain Rolland*

다비드 상은 이탈리아의 조각가인 미켈란젤로 부오나로티(Mi-chelangelo Buonarroti)의 작품으로 유명하다. 다비드상은 구약성서에 나오는 거인 골리앗(Goliath)을 쓰러뜨린 소년 영웅 다윗(David)을 표현한 작품이다. 그런데 이 작품에 관한 유명한 일화가 있다.

미켈란젤로가 다비드 상을 막 완성했을 때, 한 비평가가 인상을 찌푸리며 괜한 트집을 잡았다. 그래서 그가 비평가에게 물었다.

"무슨 문제라도 있습니까?"

그러자 비평가가 대답했다.

"다비드 상의 코가 너무 큰 거 아니오? 저 코가 마음에 들지 않소."

"그래요?"

비평가의 말이 끝나자마자 그는 사다리를 가져오며 이렇게 말했다.

"코가 크면 다시 깎아내면 되니 걱정 마세요. 잠깐이면 됩니다."

그가 얼른 사다리를 타고 올라가 '탕탕' 소리를 내며 조각을 수리하자 바닥으로 조각상에서 떨어져나온 가루가 흘러내렸다. 잠시 후, 그가 다시 비평가에게 말했다.

"자, 다 됐습니다. 이 정도면 괜찮으십니까?"

그러자 비평가는 굉장히 흡족해하는 표정으로 대답했다.

"아, 이제야 당신의 작품에 생명력이 감도는군요. 아주 좋습니다."

이 사실을 안 미켈란젤로의 친구가 그에게 물었다.

"내가 보기에 자네 작품은 완벽했네. 그런데 고작 그 사람의 불평 한마디에 그렇게 쉽게 조각을 수리한 건가? 자네를 이해할 수가 없네. 진정한 예술가는 끝까지 자신의 원칙과 신념을 어겨서는 안 돼."

그러자 그는 웃으며 이렇게 말했다.

"난 조각상에 손도 대지 않았네. 애초부터 수리할 마음도 없었어. 내가 고치는 척을 하자 정말 코가 작아졌다고 그가 착각한 것뿐일세."

매사에 자신이 옳다고 우기는 사람과는 처음부터 시비를 가릴
생각을 하지 마라. 당신은 그를 설득시킬 수 없을 뿐더러 오히
려 감정상의 오해만 깊어질 것이다. 그럴 때는 약간의 속임수
가 오히려 약이 된다. 미켈란젤로의 현명한 속임수로 비평가
는 오히려 자신을 그 속임수에 빠뜨린 꼴이 되고 말았다.

3

작은 것도 새로운 관점에서 보라

인간에게 주어진 첫 번째 임무는 바로 창조하는 것이다.

- 로맹 롤랑 *Romain Rolland*

갑작스럽게 우박이 떨어져 잘 익은 사과들이 여기저기 상처를 입고 말았다. 곳곳에 멍이 든 사과를 팔 수 없게 되어 농장의 경제적인 손실도 이만저만이 아니었다. 이대로 시장에 내놓았다가는 팔기는커녕 손님들에게 욕을 먹을 게 뻔하기 때문이다. 농장 주인은 여기저기 상처 난 사과들을 바라보며 허탈한 표정으로 한숨을 쉬었다. 그리고는 무심코 사과한 개를 집어 한입 깨물어 보았다. 그런데 이게 웬일인가! 하늘이 무너져도 솟아날 구멍은 있다더니, 예전 잘 익은 사과들보다도 훨씬 더 달고 맛있었던 것이다. 농장 주인은 순간 한 줄기 희망의 빛을 발견했다.

'이 아까운 걸 이대로 버릴 수는 없어. 잘만 하면 제값에 팔 수 있을지도 몰라.'

그는 예전처럼 사과를 한 개씩 포장하기 시작했다. 그러고는 박스 안에 포장된 사과와 함께 예쁜 카드를 넣어두었다. 그는 카드에 이렇게 써놓았다.

'올해도 변함없이 저희 농장의 사과를 찾아주셔서 감사합니다. 갑작스러운 우박 때문에 비록 곳곳에 멍이 들고 상처를 입었지만, 너무 개의치 마십시오. 어느 농장보다도 훌륭한 사과 맛에 감탄하실 겁니다. 제가 보장합니다.'

사과를 산 고객들은 농장 주인의 세심한 배려에 큰 고마움을 느꼈고, 주인은 사람들에게 변함없는 신뢰를 얻을 수 있었다.

⇛⟶

신선하고 깨끗한 혈액이 유지되어야 우리 몸의 순환이 잘 되는 것처럼, 신선한 창의력은 우리를 성공에 더 가까이 가도록 도와준다. 사람들은 창의력을 발휘하는 것이 매우 어려운 일이며, 과학자나 예술가가 창의적인 발상을 하기에 더 유리하다고 생각하는데 결코 그렇지 않다. 일상 속의 풀기 어려운 문제를 해결하고 간단한 아이디어로 생활의 수준을 높이는 일 또한 창의력을 높일 수 있는 기회다. 매일 모두에게 똑같이 24시간이 주어지지만 다른 각도에서 사고하는 사람에게 인생의 의미와 가치는 충분히 달라질 수 있다.

남들과 다른 길을 가라

평범한 사람은 꿈을 꾸기만 하지만 천재는 꿈을 현실로 창조한다.

– 랄프 W. 에머슨 *Ralph W. Emerson*

음식점을 운영하는 주인이 있었다. 주인은 장사가 잘될 만한 방법을 생각하던 중에 음식점 입구에 큰 술통을 놓은 뒤, 그 위에 이렇게 써놓았다.

'절대 안을 들여다보지 마시오!'

길을 지나던 사람들은 그 글귀에 호기심을 느끼고 너도나도 술통을 열어보았고, 모두 약속이나 한 듯이 음식점 안으로 발길을 옮겼다.

'대체 저 안에 뭐가 있는 거지?'

그 모습을 보고 궁금해진 한 남자가 술통을 열어보았다. 그 안에는 이렇게 쓰여 있었다.

'당신은 특별한 행운에 당첨되셨습니다! 오늘 하루 맛있는 생맥주가 공

짜이니 들어와서 마음껏 드십시오.'

술통을 들여다본 사람들은 모두 웃으며 음식점 안으로 들어섰고, 음식점은 입소문을 타고 점점 많은 손님들이 모이기 시작했다.

또 다른 음식점 주인은 손님들의 발길이 점점 끊기자 새로운 아이디어를 생각해냈다. 그는 입구에 커다란 팻말을 세워두었다. 그리고 그 위에 이렇게 써놓았다.

'전국에서 제일 맛없는 집.'

사람들은 순간 궁금해졌다.

'대체 얼마나 맛이 없길래 이런 팻말까지 붙은 거야?'

결국 사람들은 그 맛을 보기 위해 음식점 안으로 모여들었고, 음식을 다 먹은 뒤에야 그 맛과 서비스가 맛이 없기는커녕 자랑할 만한 최고의 수준임을 알게 되었다. 그날 이후로 음식점은 발 디딜 틈도 없이 사람들로 넘쳐나기 시작했다.

⇛⟶

사람들에게는 잘 변하지 않는, 지나치게 일반화된 단순한 생각들이 있다. 우리는 그것을 '고정관념'이라고 부른다. 하지만 성공이란 이러한 고정관념을 부수고 새로운 아이디어를 창출해야만 얻을 수 있다. 무작정 대세를 따르거나 유행을 좇으려고 하다가는 다른 사람의 성공에 절반도 미치지 못하고 만다. 용감하게 다른 사람이 하지 않은 일을 하고, 다른 사람이 가지 않은 길을 가보는 것은 어떨까. 용기가 뒷받침되지 않은 창의력은 결코 실현되지 못한다.

모든 창조는 사고의 탈피에서부터 시작된다.
하지만 원래의 사유방식을 완전히 벗어나 전혀 새로운 길을 가라는 뜻은 아니다.
이 세상에 새롭게 창조된 것의 대부분은 원래 존재하던 것을 바탕으로
약간의 새로움과 신선함을 더해준(+α) 것들이 많다.
원래 있던 재료에 상상력을 가미하여 새로운 것을 창조하는 일이야말로
무에서 유를 창조하는 것보다 더 어렵고 가치 있다.

5

성공을 불러오는 '플러스 알파'

단지 부자가 되고 싶다는 막연한 생각을 가지고 시작하는 이들은 성공하기 어렵다.
더 큰 야망을 지녀라!

– 존 D. 록펠러 *John D. Rockefeller*

1950년대 말, 미국 흑인 화장품 시장은 '프레이 화장품'이 독점하고 있었다. 당시 이 회사에서 판매원으로 일하고 있던 조지 E. 존슨 (George E. Johnson)은 단돈 500달러의 자본금과 직원 셋만으로 흑인 화장품 회사를 설립한 후 몸담고 있던 회사로부터 독립했다. 사실 그는 자신의 힘으로는 예전 회사와 경쟁할 수 없다는 사실을 누구보다도 잘 알고 있었다. 주위 사람들 역시 그를 말렸지만, 그는 굴하지 않고 새로운 화장품을 개발해내는 데 주력했다. 얼마 후, 존슨은 가루 형태의 크림을 개발했고 그것을 집중적으로 생산하기 시작했다. 하지만 무엇보다 광고의 중요성을 알고 있었던 그는 자신의 화장품을 이렇게 광고했다.

"프레이 화장품으로 화장을 하신 후, 그 위에 다시 존슨 크림을 바르시면 상상도 하지 못한 효과를 얻을 수 있을 겁니다."

그의 동료들은 이러한 끼워 팔기 방식의 광고가 무슨 효과가 있겠냐며 오히려 상대 회사를 대신 광고해주는 것은 아닌지 내심 걱정했다. 하지만 존슨은 웃으며 이렇게 대답했다.

"저쪽의 명성이 높기 때문에 그런 거야. 예를 들면 이런 거지. 현재 알아주는 사람이라고는 전혀 없는 내가 만약 대통령과 한자리에 선다면, 사람들은 나란 존재에 관심을 가질 거고 내 이름은 순식간에 전국으로 퍼져 누구나 다 알게 되겠지? 화장품 판매도 마찬가지야. 프레이 화장품은 현재 흑인들 사이에서 최고의 인기를 누리고 있어. 아직 알려지지 않은 우리 회사 제품이 '프레이'란 이름과 함께 등장한다면 겉으로는 우리가 저 회사를 떠받드는 것 같지만, 실은 우리 회사의 가치를 높이는 셈이 되지."

그의 전략은 단숨에 효력을 발휘했다. 존슨 화장품이 입소문을 타고 퍼지기 시작하면서 소비자들이 매우 자연스럽게 그의 화장품을 받아들이게 된 것이다. 그는 이 기회를 놓치지 않고 연이어 신제품을 출시했고 그는 곧 경쟁회사를 따돌리고 화장품 업계의 선두주자로 명성을 높였다.

6

세상을 바꿀 아이디어는 멀리 있지 않다

**인간에게는 세 가지 싸움이 있다. 첫째는 자연과의 싸움이고,
둘째는 사회와의 싸움이며, 셋째는 자기 마음과의 싸움이다.**

– 빅토르 위고 *Victor Hugo*

만화가를 꿈꾸는 스물한 살의 젊은 청년이 있었다. 그가 가진
재산이라고는 고작 40달러뿐이었지만, 곧 성공할 수 있을 거라는 기대감
에 조금도 힘들지 않았다. 하지만 몇 번의 실패가 거듭되면서 그는 서서
히 지쳐가기 시작했다. 게다가 돈이 부족한 나머지 방세를 낼 수 없어 쓰
러져가는 창고를 얻어 작업실로 써야만 했다. 그를 반겨주는 것이라고는
매일 밤 '찍찍' 하고 들려오는 생쥐들의 울음소리뿐이었다.

하루는 어두운 불빛 아래 앉아 생각에 잠겨 있었다.

'당장 갈 곳도 마땅치 않은데 이제 어떻게 해야 하지?'

하지만 아무리 생각해도 살아갈 길이 막막할 뿐, 달리 뾰족한 수가 떠
오르지 않았다. 그런데 순간, 누군가 자신을 주시하고 있는 듯한 느낌이

들었다. 고개를 들어 주위를 둘러보니 어두운 불빛 사이로 반짝거리는 작은 눈들이 왔다 갔다 하고 있었다. 바로 작업실에 숨어 사는 생쥐들이었다.

'그래도 너희가 우정을 나눌 친구가 되어주는구나.'

이미 외로움에 지친 그는 멀리서나마 자신을 지켜봐주는 생쥐들을 보며 마음의 위안을 얻었다. 그러던 중, 그는 할리우드에서 만화를 제작한다는 소식을 듣고 그 만화에 어울리는 캐릭터를 구상하기 시작했다. 그는 곧 다양한 캐릭터들을 완성했지만, 제작사로부터 번번이 거절을 당해야 했다. 또다시 실패의 쓴맛을 본 그는 불면증에 시달릴 정도로 괴로워했다. 한때는 주목받는 유능한 화가였지만, 이제는 화가로서의 자신의 자질이 의심스럽기까지 했다.

그런데 문득 매일 밤 자신을 바라보는 작은 눈들이 떠올랐다. 그리고 그의 머릿속에 한 가지 생각이 '반짝' 하고 스쳐 지나갔다.

'주위를 둘러보면 나처럼 가난에 쪼들리며 어렵게 살아가는 사람들이 꽤 많을 거야. 그걸 앙증맞은 생쥐들의 모습으로 비유해 만화로 그려내면 그 사람들에게 위안을 줄 수 있을지도 몰라.'

새로운 영감을 얻은 그는 서둘러 '미키 마우스(Micky Mouse)'라는 생쥐를 등장시킨 만화를 제작했다. 마침내 그의 만화는 크게 성공해 크나큰 인기를 얻었다. 그리고 그 인기는 상상을 초월하여 세계 각국에서 만화책으로 출판되었고, 엄청난 판매부수를 기록하며 전 세계 어린이의 사랑을 독차지했다. 이 청년이 바로 월트 디즈니(Walt Disney)다. 그는 훗날 자신의 성공에 대해 이렇게 말했다.

"미키 마우스는 우리 생활 주변에 숨어 있는 아이디어가 얼마나 중요하고 위대한 것인지를 한눈에 보여주는 생생한 교훈입니다."

사소한 일상에서 새롭고 특별한 소재를 찾아낼 수 있는 안목과 발상을 지녔다면,
당신도 월트 디즈니처럼 성공 가도를 달릴 수 있다.
영국의 시인 퍼시 B. 셸리(Percy B. Shelley)는 이렇게 말했다.
"우리 인생에 아름다움이 결여된 것이 아니라, 아름다움을 발견하는 안목이 부족한 것이다."
신은 모든 인간에게 공평하게 두 눈을 주었지만,
남들보다 더 많이 관찰하는 습관은 누구나 지닐 수 있는 것이 아니다.

게으른 사람은 언제나 앉아서 기회가 오기만을 기다린다. 하지만 정작 기회가 다가왔을 때는 용기 있게 그것을 낚아채지도 못한다. 기회가 찾아왔다고 느낀 순간 기회는 이미 그의 손을 벗어나 저 멀리 달아나버리기 때문이다.

인생의 승리자가 되려면 혼자 힘으로 기회를 창조해낼 줄 알아야 한다. 기회를 창조하는 것은 자신의 운명을 다스리는 일이다. 기회는 적극적으로 실천하고 용기 있게 행동하는 사람에게 주어지는 선물 같은 것이다. 성공은 세상의 모든 사람이 꿈꾸는 희망이고 미래지만, 그 빛나는 영예는 최후의 기회를 잡은 사람만 얻을 수 있다.

Chapter 06

기회 앞에서 망설이지 마라

잘살지는 못해도 쪽팔리게 살지는 말자

기회를 잡고 싶은 자여, 빠른 손과 정확한 눈을 지녀라.

- 조지 W. 부시 *George W. Bush*

1

기회가 왔을 때

순풍이 불 때 돛을 올려라.

– 세르반테스 *Miguel de Cervantes*

한 젊은이가 바위 위에 앉아 멍한 표정으로 하늘을 올려다보고 있었다. 그는 몇 번의 사업 실패로 이미 지쳐 있었고 불안한 미래 때문에 마음이 많이 조급한 상태였다. 그때, 무섭게 생긴 괴물이 다가와 말을 걸었다.

"이봐, 젊은이! 여기서 뭐 하는 건가?"

"기회가 오기만을 기다리고 있어요." 그가 대답했다.

"기회를 기다려? 하하! 기회가 어떻게 생겼는지 알기나 하는 건가?"

"아니요. 하지만 기회란 참으로 신비해서 그것만 잡으면 사업도 성공하고 돈도 많이 벌 수 있대요. 이참에 기회란 걸 꼭 잡아서 사업도 다시 시작하고 예쁜 여자도 만나보려고요."

"쯧쯧, 기회가 어떻게 생겼는지도 모르면서 대체 무슨 생각으로 그걸 잡겠다는 거야? 그러지 말고 날 따라와. 내가 돈 많이 벌도록 도와줄게."
괴물이 다시 말했다.

"아직 기회가 오지도 않았는데 가긴 어딜 가요? 시끄럽게 하지 말고 당장 꺼져요!"

젊은이는 귀찮다는 표정으로 짜증을 냈다. 괴물은 어쩔 수 없이 그의 곁을 떠나갔다. 그런데 잠시 후, 한 노인이 다가와 그에게 물었다.

"젊은이, '그것'을 잡았는가?"

"그것이라뇨? 뭘 말씀하시는 거예요?" 그가 다시 물었다.

"자네가 그토록 기다리는 기회 말일세."

"아직 오지도 않은 기회를 무슨 수로 잡아요?"

"조금 전에 기회가 자네를 찾아가지 않았는가?"

"네? 그 괴물이 기회라고요? 세상에! 전 그런 줄도 모르고 쫓아버렸는데……."

젊은이는 그제야 자신을 따라오면 돈을 벌게 해주겠다던 괴물의 말이 떠올랐다. 그는 기회가 다시 찾아오기만을 기다렸다. 그러자 노인이 그에게 말했다.

"이미 늦었어. 내가 자네에게 기회의 비밀을 하나 알려주지. 기회란 절대 손으로 움켜쥘 수 없어. 종일 목이 빠져라 기다리고 있으면 더디게 오지만, 무심한 듯 지내다 보면 어느 순간 눈앞에 다가와 있다네. 어디 그뿐인가? 사람들은 기회가 찾아오기만을 기다리지만, 막상 그것이 왔을 때는 알아보지 못하고 지나쳐버리는 경우가 허다하지. 눈앞에 있을 때 잡지 못하면 그걸로 끝인 거야! 한번 지나간 기회는 두 번 다시 돌아오지 않거든."

아무리 강조해도 지나치지 않는 인생의 진리가 하나 있다. 그것은 바로 성공하고 싶으면 기회를 먼저 잡으라는 것이다. 기회란 뜻하지 않은 행운을 가져다주는 동시에, 인생의 정확한 방향을 알려주는 역할도 한다. 하지만 기회를 잡는 일보다 더 중요한 것은 그것을 맞이할 마음의 준비다.

기회의 틈새를 노려라

부와 용기는 언제나 함께한다.

- 푸블리우스 베르길리우스 마로 *Publius Vergilius Maro*

라파엘 투델라(Rafael Tudela)는 베네수엘라의 수도 카라카스(Caracas)에 위치한 한 유리 제조 회사의 사장이었다. 그는 처음에 무일푼이었지만 완고한 의지와 끊임없는 노력으로 자수성가하여 사업이 날로 번창했다. 하지만 그의 목표는 거기서 끝이 아니었다. 그에게는 언젠가 석유 사업을 시작해 업계에 없어서는 안 될 인물이 되겠다는 꿈이 있었다.

하루는 친구를 통해 아르헨티나 정부가 석유 시장에서 무려 2천만 달러에 달하는 부탄가스를 구입하려 한다는 소식을 들었다. 그는 순간 기발한 아이디어가 떠올랐고 당장 실행에 옮기기로 마음먹었다. 행여 실패하더라도 시도하는 것과 그렇지 않은 것은 다르다고 생각했기 때문이다.

투델라는 아르헨티나로 갔다. 이미 많은 경쟁자들이 있었는데 영국석유회사(British Petroleum)와 셸(Shell) 그룹 등 석유계의 명실상부한 큰손들도 있었다. 그는 빈손으로 무작정 달려왔지만 개의치 않았다. 대신 그들과 정면으로 부딪힌다면 계란으로 바위 치는 격이 되어 분명히 실패할 거라고 판단한 그는 자신의 약점을 감출 만한 새로운 계획을 세웠다.

투델라는 여기저기서 정보를 입수한 뒤 재빠르게 아르헨티나의 상황을 파악했다. 그리고 아르헨티나에서 쇠고기가 과잉 생산되어 남아돌자 정부가 나서서 판매운동을 벌이고 있다는 사실도 알게 됐다. 그는 남몰래 흐뭇한 표정을 지으며 생각했다.

'이 일만 잘 해결하면 석유계 거물들과 동등한 위치에 설 수 있을 거야!'

그는 아르헨티나 정부를 상대로 요구했다.

"만약 당신들이 2천만 달러의 부탄가스를 우리 회사로부터 구입하면, 내가 그 가격에 맞먹는 쇠고기를 사들이겠소."

이는 흔치 않은 기회였기에 그가 조건을 말하자마자 아르헨티나 정부는 흔쾌히 그의 제안을 받아들였고, 당장 계약이 이루어졌다.

투델라는 계약을 성사시킨 후 다시 스페인으로 건너갔다. 그곳에는 대규모의 조선 공장이 하나 있는데, 그 공장은 주문이 없어 당장 문을 닫을 위기에 처해 있었다. 이 문제는 스페인 정부도 쉽게 해결하지 못하고 있었다. 그는 조선공장 책임자를 찾아가 말했다.

"당신이 나에게서 2천만 달러의 쇠고기를 구입하면, 나는 2천만 달러에 맞먹는 고급 유조선을 하나 주문하겠소."

공장 책임자 역시 흔쾌히 그의 제안을 받아들였다. 투델라는 즉시 스페인 주재 아르헨티나 대사를 통하여 아르헨티나 정부가 그를 거치지 않고 쇠고기를 바로 스페인으로 운송할 것을 부탁했다. 그리고 스페인을 떠나 다시 미국 필라델피아 주의 석유 회사를 찾아가 제안했다.

"내가 스페인에 직접 제조를 부탁한 고급 유조선을 당신들이 세를 내어 쓴다면, 나는 2천만 달러의 부탄가스를 구입하겠소."

석유 회사 역시 뜻하지 않은 기회에 기쁜 마음으로 그의 제안을 받아들였고, 계약은 일사천리로 진행되었다. 투델라는 상대방에게 무엇이 가장 필요한지 누구보다도 먼저 파악하여 그 수요를 충족시킴으로써 석유 사업을 시작하고 싶었던 자신의 꿈을 이룰 수가 있었다.

기회를 창조하는 데는 그에 따른 용기가 뒷받침되어야 한다. 도전정신과 실험정신 없이는 그 어떤 기회도 진정한 내 것으로 만들 수 없다. 어쩌면 도전하는 삶을 사는 것 그리고 새로움을 창조하기 위해 연구하고 실험하는 것은 단순히 돈을 좇아서만은 하기 힘들다. 온전히 창조에 몰입하고 기회가 다가왔을 때 그 기회를 지렛대 삼아 자신이 원하는 바를 이뤄내는 것이 진정한 성공이다.

3

후회하지 않으려면 지금 실행하라

인간에게 주어진 특별한 재능은 바로 기회를 잡아 미래를 창조하는 일이다.

– **조르주 퐁피두** *Georges Pompidou*

학문을 연구하는 일 외에는 아무것도 관심을 가지지 않는 한 철학자가 있었다. 어느 날, 한 아리따운 여자가 그를 찾아와 대뜸 청혼을 했다. 여자가 그에게 말했다.

"저를 아내로 맞아주세요. 지금 저를 놓치면 저보다 더 괜찮은 여자를 만나기 힘드실 거예요."

하지만 철학자는 갑작스러운 여자의 고백에 선뜻 결정을 내리지 못했고 이렇게 대답했다.

"미안하지만, 생각할 시간을 좀 주시오."

그날 이후로 철학자는 자신이 결혼을 해야 하는 이유와 그렇지 않은 이유를 일일이 종이에 적어가며 현명한 판단을 내리고자 애썼다. 하지만 아무리 생각하고 또 생각해도 어느 쪽이 더 낫다는 결정을 내릴 수가 없었다. 결국 오랜 시간이 지나도록 철학자는 아무런 결론도 내리지 못했다. 그러던 중, 마침내 다음과 같은 결론을 얻었다.

'어느 한 가지 선택하기 어려운 상황에 놓였을 때는 그동안 겪어보지 못했던 새로운 경험을 선택하는 것도 좋은 방법이야.'

그래서 철학자는 그녀의 청혼을 받아들이기로 마음먹었다.

"결혼을 했을 때 내 인생이 어떻게 달라질지는 겪어보지 않은 이상 알 수 없는 거야. 그래, 한번 도전해보자!"

철학자는 곧장 여자의 집을 찾아갔고 문 앞에서 그녀의 아버지와 마주쳤다.

"어르신, 따님은 어디 있습니까? 그녀를 제 아내로 맞아들이기로 마음을 굳혔습니다." 철학자가 말했다.

그러자 그녀의 아버지가 냉담한 얼굴로 대답했다.

"대체 10년이 지나도록 어디서 뭘 하다가 이제 오는 건가? 내 딸은 벌써 다른 남자와 결혼해 세 아이의 엄마가 되었다네."

철학자는 그제야 자신이 우물쭈물 하며 고민하는 사이 10년이란 시간이 흘러버렸다는 사실을 알게 되었고, 뒤늦게 후회가 밀려왔다. 그는 자신이 현실생활에 도움이 되지 않는 쓸데없는 학문에만 매달려 시간을 허비했다는 생각에 당장 학문을 그만뒀다. 대신 인생의 소중한 교훈을 얻었다. 그는 훗날 자신의 저서 마지막 페이지에 이런 글을 남겼다.

'사람의 인생을 이등분으로 나눈다면, 그 앞의 절반은 쓸데없는 고민에

매달리지 않아야 하고 그 뒤 절반은 그 앞의 인생에 대해 후회하지 않아야 한다.'

인생을 살면서 우리는 선택을 해야 하는 상황에 놓이기도 하고, 또 때로는 선택을 당하는 입장에 놓이기도 한다. 인생은 흐르는 강물처럼 끊임없이 움직이기 때문에 그 속에서 우물쭈물하다가는 소중한 사람도, 소중한 시간도 모두 놓치고 만다. 누군가는 이런 말을 했다.

"지금이다 싶을 때 용기를 내어 기회를 잡아라. 완벽한 인생이란 늘 우리의 상상 속에서만 존재하는 법, 기회를 잡지 않으면 인생도 바뀌지 않는다."

인생의 목표를 '잘사는 것'에서 '스스로에게 쪽팔리지 않는, 후회를 남기지 않는 삶을 사는 것'으로 옮겨갈 때 더욱 만족하는 삶을 살게 될 것이다.

기회는 준비하는 자를 찾아온다

**스스로 배울 생각이 있는 한, 천지만물 중 어느 하나도 스승이 아닌 것이 없다.
사람에게는 세 가지 스승이 있는데 하나는 대자연, 둘째는 인간, 셋째는 사물이다.**

– 장 자크 루소 *Jean-Jacques Rousseau*

어느 학교의 교장이 학생들에게 이런 말을 했다.

"기회란 매우 얻기 어렵습니다. 하지만 기회를 잡고 나면 세 가지 성공의 조건을 함께 얻게 되죠. 그 세 가지 조건이란 '사슴처럼 빠른 다리'와 '여유로운 시간', 그리고 유대인의 지혜에서 배울 수 있는 '인내심'입니다."

그는 또 기회의 중요성을 깨닫게 하기 위해 다음과 같은 이야기를 들려주었다.

한 회사의 사장이 직원들 중에서 자신의 자리를 물려줄 만한 인재를 찾고 있었다. 그는 빌리와 톰, 이 두 사람을 최종 후보에 올려두고 오랜 시간 고민했지만 쉽게 결정을 내릴 수가 없었다. 그래서 민주적이고 공정한 방법을 위해 회사의 전 직원들에게 투표를 하게 했다. 그런데 뜻밖에도 두 사람은 똑같은 수의 표를 얻어 여전히 우열을 가릴 수가 없게 되었다. 결국 사장은 두 사람의 평소 일하는 모습을 가까이서 지켜본 후 신중하게 판단하기로 마음먹었다.

하루는 사장이 빌리와 톰을 데리고 함께 저녁을 먹으러 갔다. 밥을 다 먹은 후, 빌리는 웨이터가 정리하기 편하도록 빈 접시를 한쪽으로 가지런히 모아놓았다. 그런데 톰은 입을 닦더니 접시와 냅킨, 수저를 아무렇게나 올려둔 채로 화장실로 향했다. 게다가 그의 접시 주위에는 여기저기 음식물들이 지저분하게 떨어져 있었다.

또 하루는 사장이 빌리가 일하는 사무실을 방문했다. 그는 마침 다음 달 판매계획과 예산안을 신중하게 검토하고 있는 중이었다. 사장이 빌리에게 물었다.

"자네 할 일도 많을 텐데 이런 건 아랫사람을 시켜도 되지 않은가?"

그러자 그가 대답했다.

"판매계획과 예산안만큼은 직접 작성하고 싶습니다. 일의 전반적인 흐름을 먼저 꿰뚫고 있어야 아랫사람을 다룰 수 있거든요. 그리고 제가 할 수 있는 일은 굳이 다른 사람에게 맡기지 않는 편입니다."

잠시 후, 사장은 톰의 사무실을 방문했다. 그 역시 다음 달 판매계획과 예산안을 훑어보고 있었다. 사장이 톰에게 물었다.

"이거 모두 자네가 직접 작성한 것들인가?"

그러자 그가 대답했다.

"보통 이런 사소한 일은 아랫사람에게 맡깁니다. 전 이것 말고도 관리할 게 많아서요."

"그럼 다음 달 판매계획과 예산에 대해서 얼마나 알고 있는가?" 사장이 다시 물었다.

"그게…… 아직……."

톰은 얼굴이 빨개진 채 아무 대답도 하지 못했고, 사장은 성실한 빌리에게 자신의 자리를 물려주었다.

세상의 모든 기회는 준비하고 노력하는 자에게만 주어진다. 또한 기회는 스스로 창조하는 것이지 누군가에게서 얻을 수 있는 것이 아니다. 언제 다가올지 모르는 기회를 준비하며 주어진 인생에 매일 최선을 다하는 것이 바로 성공의 비결이 아닐까?

《삼국지연의(三國志演義)》 중에 '만사(萬事)를 두루 갖추었는데 다만 한 가지, 동풍(東風)이 부족하다.'는 말이 있다.

이는 모든 것을 빠짐없이 준비해 두었으나 가장 중요한 한 가지가 모자람을 비유하는 말이다. 사람들은 때때로 기회를 잡기 위한 모든 준비를 다 마쳤다고 생각한다.

하지만 가장 중요한 한 가지가 빠져 있을 때가 많다.

그것은 바로 때를 기다릴 줄 아는 '인내심'이다.

'무성한 산이 있는 한, 땔나무 걱정은 하지 않아도 된다.'고 했다.

이 말에서도 알 수 있듯이 무슨 일을 하든지 그 근본이 확실하게 갖추어지면 다른 것은 걱정할 필요가 없다.

5

맛있는 술의 비법

참을성을 지녀라. 영감(靈感)에 의지하지 마라.

– 오귀스트 로댕 *Auguste Rodin*

한 신선이 두 명의 인간에게 술을 담그는 비법을 전수해주고 있었다.

"그해 수확한 알이 굵은 벼를 이제 막 눈이 녹기 시작하는 저 높은 산에서 흐르는 눈물과 잘 섞어 빚은 지 1,000년이 된 도자기 안에 잘 담아두어라. 그리고 도자기 입구를 잘 막아서 여름의 첫 태양이 떠오르는 바다에서 49일 동안 발효시켜야 한다. 명심하여라. 반드시 49일째 되는 날 닭이 세 번 울고 난 후에 열어야 한다."

특별한 비법을 전수받은 두 사람은 신선의 말대로 가장 잘 익은 벼를 수확해 각자 한 통씩 술을 담근 후, 술이 익기만을 기다렸다. 하루하루 시간이 더디게 흘러 드디어 49일째 되는 날이 다가왔다. 두 사람은 설레는 마음에 잠도 자지 않은 채 닭이 울기만을 기다렸다. 그 순간 저 멀리서 첫 번째 닭 울음소리가 들렸다. 그리고 잠시 후, 두 번째 울음소리도 들려왔다. 그런데 아무리 기다려도 세 번째 닭 울음소리는 들려오지 않았다.

'대체 이게 어떻게 된 거지? 왜 닭이 울지 않는 거야?'

두 사람은 조금씩 초조해지기 시작했다. 그중 한 사람은 더 이상 참지 못하고 서둘러 도자기 안을 열어보았다. 그런데 안을 열어보자마자 그는 얼어붙은 표정으로 아무 말도 할 수가 없었다. 도자기 안에서 시큼한 냄새가 풍기더니 술이 전혀 달콤하지가 않고 오히려 쓴맛이 났던 것이다. 그는 49일 동안 힘들게 기다려왔던 술을 그대로 버려야만 했다.

하지만 다른 한 사람은 끝까지 참고 인내했다. 그 역시 도자기 안을 얼른 열어보고 싶은 마음이 굴뚝같았지만 이를 악물고 두 손을 불끈 쥐며 힘들게 참고 또 참았다. 그리고 한참 후에 세 번째 닭 울음소리가 들려온 뒤에야 조심스럽게 술통을 열어보았다. 순간 코끝에 향기가 감돌았고 너무나도 훌륭한 술맛에 그는 감탄하지 않을 수 없었다.

신선이 전수해준 술 만드는 비법 중 가장 중요한 것이 바로 오랜 기다림의 고통을 이겨내는 '인내심'이었던 것이다.

6

모든 기회는 타이밍이다

싸울 준비가 된 자는 기회만 잡으면 된다.

- 존 F. 케네디 *John F. Kennedy*

한 형제가 우연히 해변을 거닐다 값비싼 진주를 주웠다. 둘은 진주를 외국에 내다 팔면 더 높은 값을 받을 수 있을 거라는 생각이 들어 이웃나라에 가기로 결심했다. 먼저 형이 진주를 들고 이웃나라로 향했다. 그런데 이상하게도 아무도 진주에 관심을 보이지 않았다. 형은 여기저기에 질 좋은 진주가 있다고 소문을 냈지만, 농촌 처녀는 물론 돈 많은 왕비마저도 진주를 사려고 하지 않았다. 형은 어쩔 수 없이 다시 집으로 돌아왔다. 다음 날, 동생이 진주를 들고 다시 이웃나라로 향했다. 그런데 얼마 지나지 않아 그가 거액의 돈을 들고 집으로 돌아왔다.

"대체 어떻게 진주를 판 거야?" 궁금해진 형이 물었다.

그러자 동생이 대답했다.

"방법은 아주 간단해. 기회를 잡았을 뿐이야."

동생은 이웃나라에 도착한 뒤, 형의 말대로 누구도 진주를 사려고 하지 않는다는 사실을 알게 되었다. 그리고 수소문한 끝에 그 이유를 알아냈다. 이웃나라는 예부터 검소하기로 유명해서 일반 백성은 물론 황실의 귀족들과 왕비까지도 사치를 금하며 나라의 재정을 아끼고 있었다. 이 사실을 안 동생은 결국 다시 집으로 돌아갈 채비를 했다.

그런데 막 짐을 꾸려 길을 떠나려던 찰나에 그날이 마침 왕비의 생일이라는 사실을 알게 됐다. 왕비의 예순 번째 생일을 맞아 저녁에 연회가 벌어질 거라는 정보를 입수한 그는, 순간 이번이 마지막 기회라는 생각이 들었다.

저녁이 되자 동생은 진주를 들고 왕을 찾아가 이렇게 말했다.

"전 이웃나라에서 온 상인인데, 듣자 하니 온 국민이 근검절약을 생활화하며 사치를 멀리한다더군요. 오늘 생일을 맞으신 왕비께서도 예외가 아니고요. 이런 기쁜 날 이 값진 진주를 선물로 드려 그동안의 검소한 생활을 칭찬하심이 어떠실는지요? 왕비를 따르는 온 백성들에게 모범이 되고도 남을 것입니다."

그의 말을 들은 왕은 기쁘게 웃으며 흔쾌히 그의 진주를 샀다.

똑같은 기회가 주어져도 사람에 따라 다른 결과를 가져온다.
어떤 사람은 아무것도 얻지 못하지만, 어떤 사람은 그 기회를 통해
일확천금을 얻기도 한다. 그 이유는 바로 기회를 어떻게 이용하느냐에 있다.
세상에 기회를 적절히 이용할 줄 모르고 놓쳐버리는 것만큼 안타까운 일은 없다.

사람들은 모두 인생이란 바다에서 자신만의 배를 조종하는 선장이다. 단 한 번뿐인 인생에서 무엇을 얻을지는 오직 당신의 노력과 수고에 달려 있다. 우리는 모두 역사의 주인이자 그 안에서 항해하는 여행자다. 지식이 없는 여행자는 날개를 잃은 새와 같고, 실천하지 않는 이론가는 열매를 맺지 못하는 죽은 나무와 같다.

미국 하버드 대학 출신의 유명 작가 랄프 W. 에머슨은 이런 명언을 남겼다.

"인생이란 우리들이 이 세상에 살면서 몸으로 배우지 않으면 안 되는 교훈의 연속이다."

책 1만 권을 읽는 것보다 열 번 실천하고 백 번 실험하는 것이 더 값진 경험으로 남는다. 인간의 역사는 실험에서 시작되었으며, 성공의 역사는 실천에서 비롯된다. 짧은 인생을 사는 우리가 기억해야 할 것은 무엇을 얼마나 하느냐가 아니라, 그 무엇을 얼마나 '제대로' 해내느냐이다.

Chapter 07

실천하는 자만이 꿈을 이룬다

잘살지는 못해도 쭉팔리게 살지는 말자

경험은 가장 비싼 학교다.
하지만 진정한 교육을 받을 수 있는 유일한 곳이다.

– 시어도어 루스벨트 *Theodore Roosevelt*

1

말보다 먼저 행동하라

행동은 말보다 더 큰 목소리를 지녔다.

– 탈무드〈Talmud〉

한 가난한 남자가 사흘이 멀다 하고 교회를 찾아가 하나님에게 기도를 드렸다. 그런데 그의 기도 내용은 매번 똑같았다. 한번은 그가 교회에 들어서자마자 무릎을 꿇으며 십자가를 향해 소리쳤다.

"하나님! 제발 부탁입니다. 복권에 당첨되게 도와주세요."

그는 매번 같은 내용으로 기도를 올렸고, 그렇게 몇 년의 시간이 흘렀다. 하지만 몇 년이 지나도록 남자의 기도 내용은 변함이 없었다. 그는 여전히 울상을 지으며 이렇게 소리쳤다.

"하나님! 왜 저를 도와주시지 않는 겁니까? 딱 한 번이면 됩니다. 제발 복권에 당첨되게 해주세요."

하지만 아무리 기도해도 응답이 없자 지칠 대로 지친 남자는 하나님께

마지막 기도를 올렸다.

"하나님, 이번이 마지막 기도입니다. 제발 한 번만, 딱 한 번만⋯⋯."

그런데 그의 기도가 채 끝나기도 전에 저 멀리서 하나님의 음성이 들려왔다.

"이런 딱한 사람 같으니! 일단 복권부터 사거라. 복권을 사야 널 도와주든지 말든지 할 것이 아니냐!"

⫸⟶

많은 사람들이 꿈과 희망을 품고 살지만 그중 꿈을 현실로 이루기 위해 피나는 노력을 하는 사람은 몇 되지 않는다. 한 유명한 성공학자는 이렇게 말했다.
"행동하지 않는 사람의 생각은 쓰레기일 뿐이다. 성공은 사다리와 같다. 그 어떤 사다리도 주머니에 두 손을 넣은 채 올라갈 수는 없다."

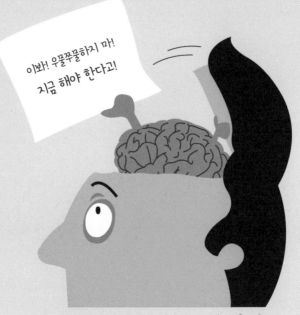

세상에서 가장 어리석은 일은 바로 후회하는 것이다.

실패한 사람들에게 그 이유를 물어보면 대부분은 생각이 많을 뿐,

행동하지 못했다고 대답한다. 이러한 실패를 줄이기 위해서는

아이디어가 떠오른 순간 즉지 행동에 옮겨

보이지 않는 생각을 눈에 보이는 현실로 만들어야 한다.

2
실천은 계산보다 힘이 세다

**이 세상에 공상만큼 쉬운 일은 없다.
하지만 그것을 이루기 위해서는 가장 비싼 대가를 치러야 한다.**

– 드와이트 아이젠하워 *Dwight Eisenhower*

어느 마을에 앤이라는 귀여운 소녀가 있었다. 그녀의 유일한 단점은 모든 일을 쉽게 결정하지 못하고 우유부단하게 행동하는 것이었다. 앤과 한 마을에 사는 스코트는 그 마을에서 재배한 과일을 파는 가게를 운영하고 있었다. 하루는 스코트가 앤을 불러 이렇게 물었다.

"앤, 너도 돈을 벌고 싶지 않니?" 그러자 앤이 대답했다.

"물론 벌고 싶죠. 돈이 없어서 새 신발도 못 사고 있는 걸요."

"그럼 저 뒷산에 가면 맛있는 산딸기가 많이 열려 있단다. 주인이 누구나 따도 된다고 허락했으니까 가서 좀 따오겠니? 1킬로그램에 13센트를 줄게."

앤은 스코트의 제안에 뛸 듯이 기뻤다. 그래서 곧장 집으로 달려와 바구니를 준비했다. 그런데 순간 이런 생각이 들었다.

'1킬로그램에 13센트를 받으면 5킬로그램을 따면 돈을 더 받을 수 있겠지?'

앤은 바구니를 내려놓고 대신 종이와 연필을 가져와 금액을 계산해보았다. 자신이 5킬로그램의 산딸기를 따면 65센트를 받을 수 있다는 계산이 나왔다.

'그럼 만약 12킬로그램을 따면 얼마나 받을 수 있을까?'

앤은 다시 계산을 해보았고, 그 결과에 놀라고 말았다.

'세상에! 1달러하고도 56센트를 받을 수 있잖아!'

앤은 자신이 만약 100킬로그램 넘게 산딸기를 땄을 때, 스코트에게서 얼마를 받을 수 있을지도 미리 계산해보았다. 앤은 오전 내내 자신이 받을 수 있는 돈을 계산하느라 시간을 보냈고, 그 바람에 금세 점심때가 지나고 말았다. 그녀는 시간이 이렇게 지나버린 이상 오후에 산딸기를 따러 가야겠다고 생각했다. 그리고 오후가 되어 서둘러 뒷산으로 올라갔다. 뒷산은 이미 산딸기를 따는 사람들로 북적이고 있었는데, 앤이 산딸기를 따기도 전에 먼저 온 사람들이 거의 다 따가고 말았다. 결국 앤은 겨우겨우 1킬로그램밖에 채우지 못했다. 집으로 돌아오면서 앤은 수업시간에 선생님이 했던 말씀을 떠올렸다.

"모든 일에는 때가 있는 법이에요. 먼저 행동에 옮기고 나서 생각해도 늦지 않아요. 한 명의 실천가가 백 명의 공상가보다 더 힘이 세답니다."

3

성공의 첫 번째 지름길

인간의 가장 충실한 친구는 자신의 두 손이다.
세상의 그 어떤 어려운 일도 우리의 손아귀를 빠져나가지 못하기 때문이다.

– 헨리 D. 소로 *Henry D. Thoreau*

존 D. 록펠러(John D. Rockefeller)가 설립한 미국 스탠더드석유회사(Standard Oil Company)는 세계에서 유명한 대기업이다. 그의 회사는 한때 석유 한 통에 4달러를 받고 팔던 시기가 있었다. 그 당시 회사의 광고 문구는 이러했다.

'한 통에 4달러, 스탠더드석유회사!'

그 회사에는 '한 통에 4달러'라는 별명을 가진 애치볼드라는 직원이 있었다. 이는 일에 대한 열정과 자부심이 남달랐던 그가 출장지의 한 호텔 숙박부에 자신의 이름을 기재하면서 그 옆에 '한 통에 4달러, 스탠더드석유회사!'라는 회사의 광고 문구를 함께 쓴 사실이 알려지면서 얻게 된 별명이었다. 그의 동료들은 "숙박부 이름 옆에 적는 그 한마디가 무슨 의미가 있겠어? 그건 바보 같은 짓이야."라며 조롱 섞인 야유를 보냈지만, 소탈한 그는 그저 웃기만 할 뿐이었다. 그는 심지어 친구들에게 편지를 쓸 때도 맨 마지막에 보내는 사람의 이름을 기입하는 곳에 회사 광고 문구를 빠뜨리지 않고 적기까지 했다.

하지만 애치볼드는 언젠가는 자신의 작은 노력이 쌓여 회사에 큰 도움을 줄 수 있을 거라는 믿음이 있었다. 그러던 어느 날이었다. 캘리포니아주의 한 작은 도시로 출장을 간 그는 늦은 밤이 되어서야 호텔을 찾았다. 몹시 피곤했던 그는 여느 때처럼 숙박부를 쓰고 방으로 돌아와 침대에 누웠다. 그런데 문득 숙박부에 자신의 이름만 쓰고 온 사실을 깨달았다. 그는 다시 옷을 챙겨 입고 내려가 종업원에게 숙박부를 달라고 하고서는 이름 옆에 '한 통에 4달러, 스탠더드석유회사'라는 문구를 적어 넣었다. 그러자 그의 행동을 옆에서 유심히 바라보던 한 신사가 그에게 그 연유를 물었다. 애치볼드는 이렇게 대답했다.

"우리 회사를 조금이라도 많은 사람들에게 알리려는 겁니다. 혹시 이 호텔을 찾은 손님 중에서 갑자기 석유가 필요한 분이 있다면 숙박부를 본 종업원들이 우리 회사의 석유를 추천할 확률이 높지 않겠습니까?"

그로부터 한 달이 지난 어느 날, 애치볼드는 영문도 모른 채 록펠러의 특별 초청을 받았다. 그리고 그는 캘리포니아의 호텔에서 만났던 신사가 바로 록펠러라는 사실을 알게 되었다. 그곳에서 록펠러는 "당신처럼 자기 일을 즐거워하는 사원과 함께 일해 보고 싶네."라고 제의했고, 흔쾌히 자신의 직위를 애치볼드에게 넘겨주었다. 훗날 록펠러는 이렇게 말했다.

"내가 성공할 수 있었던 가장 큰 이유는 다른 사람들이 생각지 못한 일들을 생각해냈기 때문입니다. 큰일을 해내지 못했다고 자책하기보다 놓치기 쉬운 작고 사소한 일들에 최선을 다하면 성공은 자연히 따라올 겁니다."

성공으로 가는 첫 번째 지름길은 바로 다른 사람들이 가지 않는 길을 가는 것이다. 또한 다른 사람들보다 더 많이 생각하고 그것을 실천해야 한다. 그러면 그 사람들보다 더 많은 성공의 기회를 누릴 수 있다. 기회는 때가 되면 알아서 당신을 찾아와주지 않는다. 당신이 적극적인 마음가짐으로 더 많이 관찰하고 더 많이 모험해야 기회를 잡을 수 있다.

열정과 신념이 기적을 만든다

세상에 해내지 못할 일이란 무엇인가? 어제의 꿈이 오늘의 희망이 되고,
그 희망이 내일의 현실이 될 것을 믿어라.

– 로버트 H. 고다드 *Robert H. Goddard*

미국의 한 신문에 흰색 금잔화를 찾아주면 거액의 사례를 하겠다는
기사가 실린 적이 있었다. 그 기사는 곧 삽시간에 퍼져나가 큰 반향을 일
으켰다. 그도 그럴 것이 당시의 금잔화는 거의 대부분이 노란색이거나 붉
은색을 띤 것이 많아 흰색 금잔화는 찾아보기 어려웠기 때문이다. 게다가
흰색 품종은 개량하기도 어려운 실정이었다. 결국 아무도 흰색 금잔화를
찾지 못했고, 그 기사는 서서히 사람들의 기억 속에서 잊혀졌다.

그리고 20년이 흘렀다. 20년 전에 금잔화를 찾는다는 기사를 실은 사
람에게 한 통의 봉투가 도착했다. 그 봉투 안에는 정성이 담긴 편지 한 장
과 흰색 금잔화의 씨앗이 들어 있었다. 이 사실은 곧 언론에 퍼졌고, 다시
한 번 사람들의 이목을 집중시켰다.

그 흰색 금잔화 씨앗을 보낸 사람은 이미 일흔을 넘긴 노인이었다. 그는 평소에 꽃이나 화초를 돌보는 일을 즐겼는데 20년 전에 우연히 기사를 보고 흰색 금잔화에 대한 호기심이 발동했다. 노인은 우선 금잔화 씨앗을 심어 정성스럽게 돌보았다. 그리고 1년이 지난 후 노란색을 띤 금잔화가 여러 송이 피어나자, 그중에서 가장 옅은 색 꽃의 씨앗을 몇 개 채취했다. 그리고 다시 그 씨앗을 심어 키운 뒤, 또 가장 옅은 색 꽃의 씨앗을 채취하는 일을 몇 년 동안이나 반복했다. 그러는 동안 어느새 20년이란 세월이 흘러간 것이다. 그가 마지막으로 심은 금잔화는 거의 흰색에 가까운 빛을 띠었다. 그리고 이번이 정말 마지막이라는 심정으로 그 꽃의 씨앗을 심은 후, 마침내 흰색 금잔화를 탄생시켰다. 이러한 그의 오랜 노력과 열정에 사람들은 입을 다물 수가 없었다. 전문가들도 생각해내지 못한 아이디어가 꽃을 사랑하는 한 평범한 노인의 머릿속에서 나온 것이다. 어쩌면 이 일도 우리 주위에서 종종 일어나는 수많은 기적들 중 하나가 아닐까?

⇒——→

흰색 금잔화를 탄생시킨 것은 금잔화의 씨앗이 아니라 그 씨앗과 함께 심은 노인의 열정과 신념이었을 것이다. 이렇듯 열정과 신념이 있는 한, 사막에도 우물을 만들 수 있고 꺼져가는 생명에도 기적을 창조할 수 있다. 열정과 신념을 빼놓고는 사람의 인생을 논할 수 없다. 새로운 것에 대한 호기심도 물론 중요하지만, 그것을 현실로 이루어내는 의지와 신념이야말로 인간의 고귀한 본성인 것이다.

5

스스로 행동할 때를 미루지 마라

현명한 사람은 자신에게 주어진 것보다 더 많은 기회를 만들어낸다.

– 프랜시스 베이컨 *Francis Bacon*

어느 깊은 밤, 폭우가 쏟아지는 와중에 한 신부가 강가의 성당에서 기도를 하고 있었다. 그런데 기도에 열중한 나머지 건물이 물속에 잠기는 줄 모르다가 꼼짝없이 갇히고 말았다. 그때 한 구조대원이 작은 배를 타고 다가오며 소리쳤다.

"신부님, 어서 타세요! 안 그러면 익사할지도 몰라요!"

그러자 신부가 대답했다.

"됐소! 난 아직 해야 할 일이 남아 있소. 신이 나를 구해주실 것이오!"

물이 불어 자신의 허리에까지 차오르자, 신부는 다시 다급하게 기도를 했다. 그리고 그때 또 다른 구조대원이 그를 향해 소리쳤다.

"어서 이 배에 올라타세요! 안 그러면 진짜 빠져 죽을지도 몰라요!"

하지만 신부는 여전히 고집을 부렸다.

"됐소! 신이 나를 구해주실 것이니 걱정하지 마시오!"

불어난 강물은 어느새 성당 전체를 삼키고 있었다. 신부는 건물 꼭대기에 있는 십자가에 매달려 다시 기도를 했다. 그때 저 멀리서 헬리콥터가 날아오더니 한 구조대원이 밧줄을 늘어뜨리며 소리쳤다.

"신부님! 시간이 없어요! 빨리 이 밧줄을 잡으세요!"

하지만 신부는 끝까지 구조대원의 말을 듣지 않았다.

"됐소! 신이 나를 구해주실 테니 신경 쓰지 말고 그냥 가시오!"

결국 신부는 물에 빠져 죽고 말았다. 그는 천국에 갔고 신을 만나 자신의 억울함을 하소연했다.

"하나님, 그때 왜 저를 버리셨습니까? 전 정말 억울합니다."

그러자 신이 답답해하며 이렇게 말했다.

"이 어리석은 인간아, 내가 널 위해서 두 번이나 배를 보내고 헬리콥터까지 보내주지 않았느냐? 설마 내가 네 눈앞에 '짠' 하고 나타나길 바랐던 것이냐?"

⇒⟶

지나치게 타인에 의존하는 사람은 자신감을 키울 수 없을뿐더러 오히려 자신에게 장애를 만드는 꼴이 된다. 스스로 생각하고 문제를 해결하는 것은 인간에게만 주어지는 능력인데, 그 능력을 발휘할 기회를 빼앗긴다면 이 얼마나 슬픈 일인가! 허황된 것을 믿고 자신의 운명을 남에게 맡겨버리는 실수를 범하지 말자.

6

한 번이라도 제대로 실천하라

그 어떤 훌륭한 지식도 경험을 이길 수는 없다.

- 존 로크 *John Locke*

말썽꾸러기 고양이에게 오랫동안 괴롭힘을 당해오던 쥐들은 더 이상 참지 못하고 고양이를 피할 수 있는 대안을 논의하기로 했다. 그래서 모든 쥐들이 한자리에 모여 자신들의 의견을 발표했다.

"고양이의 기본 식습관부터 바꾸어야 해! 쥐가 아닌 생선이나 닭만 먹게 할 수는 없을까?"

"바퀴벌레를 죽이려면 바퀴벌레 약을 뿌리듯이 고양이를 물리칠 수 있는 약을 개발해야 해!"

쥐들은 열띤 토론을 벌이며 하루빨리 고양이의 손아귀에서 벗어나야 한다고 입을 모았다. 그러던 중, 누군가 멋진 아이디어를 생각해냈다. 그것은 바로 고양이의 목에 방울을 다는 것이었다. 고양이 목에 방울만 단다면, 그 소리를 듣고 미리 고양이를 피할 수 있기 때문이다. 쥐들은 모두 그 의견에 찬성했다. 하지만 누구도 방울을 달겠다고 먼저 나서는 이가 없었다.

　우두머리 쥐는 상금까지 걸며 방울을 달 쥐를 모집했지만, 다들 슬그머니 그 자리를 피할 뿐이었다. 결국 오랜 시간이 지나도록 고양이 목에 방울을 달지 못해 쥐들은 여전히 도망 다니느라 바빠야 했다.

⟾──→

어떤 일이든 백 번 말하는 것보다 한 번 실천해보는 것이 더 효과적이다. '내가 아니라도 누가 알아서 해주겠지.' 하는 안일한 생각을 하는 동안에는 그 어떤 문제도 해결할 수 없다.

돈을 많이 벌어 부자가 되려는 마음은 욕심이라기보다 사람이면 누구나 지니는 목표와 이상이라고 볼 수 있다. 부(富)는 곧 힘이자 자유이며, 사회 전체의 질서를 유지해주는 가장 강력한 요소다. 부를 많이 축적한 사람일수록 자신감이 더 강하게 드러난다. 하버드 대학의 한 경제학 교수는 이렇게 말했다.

"부와 자유는 동일하다. 인간이라면 누구나 자유를 누릴 권리가 있듯, 부를 누릴 권리도 있다."

부자가 된 사람들 중 태어날 때부터 손에 재물을 쥐고 태어난 사람은 없다. 그들이 성공한 이유는 부자가 되는 비밀을 알고 있었기 때문이다. 그들이 알고 있는 비밀을 당신도 알게 된다면, 지금 당장이라도 밖으로 나가 돈을 벌고 싶어질 것이다.

Chapter 08

부자가 되는 지름길 그리고 비밀

잘살지는 못해도 쪽팔리게 살지는 말자

부자가 되려는 욕심 없이는 절대 노동에 흥미를 붙일 수 없다.

− 앤드류 스코트 *Andrew Scott*

1

정성과 진심을 담아라

편견을 가지는 한 인간은 나약해질 수밖에 없다.

- 새뮤얼 존슨 *Samuel Johnson*

하버드 대학 근처에 한 고급 제과점이 있었다. 특히 그 제과점의 케이크는 맛있기로 소문이 나 있어 유명인사들이 직접 방문해 여러 개를 사갈 정도였으며, 주고객도 대부분 부유한 사람들이었다. 그런데 어느 날, 누더기를 입은 한 중년 남자가 문을 열고 들어왔다. 한눈에 봐도 그가 노숙자라는 사실을 쉽게 알아차릴 수 있었다. 그는 점원을 향해 마들렌 케이크를 하나 사고 싶다고 말했다. 점원은 순간 의아한 생각이 들었다.

'돈도 없게 생겼는데 이 비싼 케이크를 사겠다고? 그것도 겨우 한 개만?'

케이크 진열장 안에는 이미 잘 구워진 마들렌 케이크가 있었지만, 점원은 선뜻 내어주지 않았다. 그때 이 광경을 지켜보던 제과점 주인이 다가와 말했다.

"잠깐만 기다려 주세요, 손님. 제가 직접 포장해드리죠."

그러고는 케이크를 하나 꺼내어 정성스럽게 포장한 뒤, 남자에게 두 손으로 건네주었다. 그리고 그가 문을 나서자 허리를 활처럼 굽히며 큰 소리로 인사했다.

"감사합니다. 또 찾아주세요!"

잠시 후, 점원은 영문을 모르겠다는 표정으로 주인에게 말했다.

"사장님은 그동안 한 번도 직접 케이크를 포장한 적이 없으셨잖아요. 그런 건 늘 저보고 알아서 하라더니……."

그러자 주인은 이렇게 대답했다.

"그래, 그랬지. 네가 이상하게 생각할 만도 하지만, 중요한 건 고객의 마음을 읽는 거야. 우리 가게를 찾아주는 손님이라면 누구에게든 감사의 마음을 지녀야 하지만, 오늘 이 손님은 더욱 특별했어."

"뭐가 더 특별한데요?" 점원이 물었다.

"평소에 우리 가게를 찾는 손님들은 대부분 돈 많은 부자들이지. 돈이 많은 사람들이 비싼 케이크를 먹는 것은 당연한 일이고 말이야. 하지만 오늘 이 손님은 한 푼 두 푼 아껴 모아서 드디어 이 케이크를 사간다는 느낌을 받았어. 어쩌면 우리 가게의 케이크가 먹고 싶어서 자신이 가진 돈의 대부분을, 아니 전부를 투자하는 건지도 모르잖아? 돈이 많은 부자가 약간의 돈을 지불하고 케이크를 사가는 것과는 분명 다른 의미야. 이런 손님에게는 그 어떤 감사의 인사로도 내 마음을 다 전할 수가 없지."

가게 주인은 누구보다 경영원칙을 잘 아는 사람이다.

진심과 성의는 사람을 대하는 일에서 반드시 지켜야 할 기본 원칙이다.

이런 원칙을 잘 아는 주인이니 어떤 손님이 감동하지 않을 수 있겠는가?

사람의 마음을 움직이는 것은 크고 화려한 눈요깃거리가 아니라 작은 정성과 진심이다.

그 진심이 통한다면 당신은 무슨 일을 하든지 성공할 수 있을 것이다.

2

일상 속에 숨겨진 부(富)의 열쇠

생각하는 데 하루를 투자하면 이후 10년을 승리할 수 있다.

– 빅토르 위고 *Victor Hugo*

미국에 사는 한 중년 여성이 있었다. 그녀에게는 한 가지 사소한 고민거리가 있었는데, 바로 발목 부분이 긴 실크 양말이 툭 하면 줄줄 흘러내린다는 것이었다. 버스에 올라탈 때나 공공장소에서 양말이 흘러내릴 때마다 그녀는 사람들 앞에서 망신당하는 것 같은 부끄러움을 느꼈다. 그러다가 그녀는 자기 말고도 이런 고민을 하는 여성들이 많을 것이라는 생각이 들었다. 실크 양말은 여성들이라면 누구나 즐겨 신으니까 말이다. 그녀는 순간 무릎을 탁 치며 말했다.

"그래, 이거야! 이걸로 장사를 한번 해보면 어떨까?"

얼마 후, 그녀는 양말가게를 열어 스스로 개발한 탄력이 있어 흘러내리지 않는 양말을 팔기 시작했다. 그 결과는 놀라웠다. 문을 연지 단 몇 시간 만에 양말이 다 팔린 것이다. 사람들은 길을 걸을 때마다 흘러내리는 양말을 끌어올리는 번거로움이 줄었다며 그녀의 개발품에 매우 흡족해했다. 시간이 지날수록 더 많은 사람들이 그녀의 양말을 찾았고, 그녀는 큰돈을 벌었다. 이후 그녀는 미국과 영국, 프랑스에 120개의 지점을 지닌 어엿한 경영인이 되었다.

미국의 또 다른 젊은 부부 역시 사소한 일상에서 아이디어를 얻어 성공한 경우이다. 그들에게는 아기가 있었는데, 아기에게 분유를 먹일 때마다 아기 손에 비해 젖병이 너무 커서 매번 불편함을 느껴야 했다. 시중에 나와 있는 젖병은 모두 큰 것뿐이어서 생후 8개월 이하의 갓난아기가 직접 잡고 먹기에는 어려움이 있었다.

하루는 공장에서 용접공으로 일하고 있는 아기의 외할아버지가 딸의 집을 방문한 뒤, 손자에게 분유를 먹이다가 그 역시 이러한 불편을 알게 되었다. 그는 젖병과 같은 재질의 손잡이를 만들어 젖병 양쪽에 붙여놓았다. 그러자 손이 작은 아기도 편하게 먹을 수 있었다. 젊은 부부는 이 손잡이에서 아이디어를 얻어 그것을 상품화하기로 마음먹었다. 그들은 그 젖병을 대량생산하여 60일 만에 5만 개를 팔았고, 그해 150만 달러를 벌어들였다.

⇒——→

성공하기 위해서는 근면성실도 중요하지만, 무엇보다 뛰어난 지혜와 아이디어가 뒷받침되어야 한다. 지혜가 없이는 어떠한 계획도 현실화시킬 수 없기 때문이다. 그렇다면 현재 당신의 모습은 어떤가? 인생이 불공평하다고 불평하거나 다른 사람의 성공을 배 아파하고 있지는 않은가? 정말로 성공하고 싶다면 불평하고 질투하기 전에 성공을 내다볼 수 있는 안목과 지혜를 지녔는지부터 돌아봐야 할 것이다.

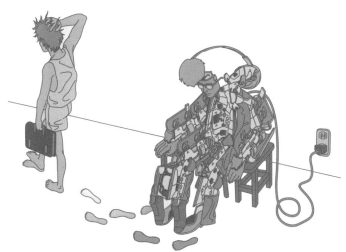

주위를 둘러보면 평생 아무것도 해놓지 않은 채
인생을 허비하며 살아가는 사람들이 많이 있다.
그들은 왜 실패할 수밖에 없었을까?
바로 너무 쉽게 현실에 만족했기 때문이다.
적당하다 싶은 직장을 찾아 적은 월급을 받으면서
죽을 때까지 매일 똑같은 일상을 반복하며 살아가는 것이
진정 당신이 바라는 인생인가?
당신이 원하는 인생이 겨우 이것뿐이라면 당신은 이미 실패자다.

3
야망을 키워라

습관이 성격을 만들고, 성격이 운명을 결정한다.

– 존 M. 케인즈 *John M. Keynes*

'언론계의 나폴레옹'이라 불리는 비스카운트 노스클리프
(Viscount Northcliffe)는 1906년에 〈타임스(The Times)〉 지를 인수한 뒤,
언론계의 최고경영자 지위에 도달하였다. 하지만 그에게도 겨우 80파운
드의 월급을 받으며 인생이 불공평하다고 느끼던 가난한 시절이 있었다.

노스클리프는 1894년 석간지 〈이브닝 뉴스 앤드 포스트(Evening News
and Post)〉를 사들이고 1896년에 〈데일리 메일(Daily Mail)〉을 창간하여
성공한 뒤에도 그것에 만족하지 않았다. 그가 자신의 인생에 조금씩 만족
을 느끼기 시작한 것은 〈타임스〉를 사들인 후부터였다.

그는 〈타임스〉의 경영권을 손에 넣은 후에도 밤낮을 가리지 않고 열심
히 일했다. 또한 〈타임스〉를 통해서 부패한 정부 관료들의 비리를 파헤치

고 부패한 정부의 이면을 고발하여 어지러운 나라의 질서를 바로잡으려고 했다. 그래서 몇몇 의원들은 그의 표적이 되기도 했다. 그의 이러한 대담한 노력에 일부 국가기관들이 허술해진 나라의 제도와 기강을 바로잡으려는 시도를 하기도 했다. 그는 이렇듯 좀처럼 현실에 안주할 줄 모르는 사람이었다.

한번은 노스클리프가 사무실에 앉아 있는데 처음 보는 직원이 눈에 띄어 이렇게 물었다.

"자네 여기서 일한 지 얼마나 되었나?"

"거의 3개월 다 되어갑니다." 직원이 대답했다.

"그래, 일하기가 어떤가? 일이 마음에 드나?"

"네, 저는 이 일이 아주 좋습니다."

"자네 한 달 급료가 얼마나 되나?"

"일주일에 5파운드입니다."

"자네는 지금 현실에 만족하고 있나?"

"네, 만족합니다. 관심 가져주셔서 감사합니다."

"그래? 이거 한 가지 알아두게나. 자네는 일주일에 5파운드를 받고 만족하는지 몰라도 난 일주일에 5파운드밖에 못 받고도 만족하는 야망 없는 직원은 원하지 않는다네."

부자가 되는 안목을 가져라

교활한 사람은 학문을 경멸하고, 단순한 사람은 학문을 찬양하며, 현명한 사람은 학문을 이용한다.
책은 지식을 이용하는 방법을 알려주지 않는다. 진정한 지혜는 책 속에 있지 않다.

– 프랜시스 베이컨 *Francis Bacon*

세 명의 남자가 사업할 기회를 찾다가 한 작은 과수원에서 탐스럽게 익은 붉은 사과를 발견했다. 냄새도 어찌나 좋은지 보기만 해도 군침이 돌 정도였다. 그 사과나무가 있는 마을은 교통이 아직 발달되지 않은 곳으로, 과수원 주인은 그 사과를 마을 사람들에게 매우 싼값에 팔고 있었다.

첫 번째 남자는 그 자리에서 10톤에 달하는 사과를 사서 바로 고향으로 운반했다. 그리고 고향에서 원래 가격의 두 배를 받고 그 사과들을 팔아 몇 달 만에 떼부자가 되었다.

두 번째 남자는 자신이 가진 돈의 절반으로 100그루의 사과나무 묘목을 사들였다. 그리고 고향 뒷산에 그 나무들을 심었다. 비록 나무를 키우는 3년 동안 아무런 수입이 없었지만, 그는 정성스럽게 물을 주고 가꾸었다.

그리고 세 번째 남자는 과수원 주인을 부른 뒤 나무 밑의 흙을 가리키며 이렇게 말했다.

"이 흙을 사고 싶습니다." 그러자 주인이 고개를 저으며 대답했다.

"흙은 팔 수 없소. 흙이 없으면 어떻게 과일농사를 짓는단 말이오?"

남자는 진지한 표정으로 다시 주인을 설득했다.

"한 줌의 흙만 있으면 됩니다. 돈은 원하는 만큼 드리겠습니다."

남자의 계속되는 설득에 주인은 한참 후에 마지못해 승낙했다.

"좋소, 겨우 한 줌이니 그냥 가져가시오. 돈은 받지 않겠소."

그는 곧장 고향으로 돌아와 농업과학연구소에 흙 성분을 분석해달라고 의뢰했다. 그리고 흙의 주요성분과 습도 등을 알아낸 뒤, 3년 동안 그 흙과 똑같은 조건의 토양을 만드는 데 주력했다. 그리고 그 위에 사과나무 묘목을 심었다. 그로부터 10년의 세월이 흘렀다. 성공의 기회는 이 세 사람에게 똑같이 주어졌지만, 그 결과는 모두 달랐다. 첫 번째 남자는 매년 사과가 열릴 때쯤 사과를 대량 사들여 고향에 팔았지만, 교통이 심각할 정도로 불편한데다 경쟁자들이 늘어나 수입이 조금씩 줄어들기 시작했다. 어느 때는 적자를 보기도 했다. 두 번째 남자는 자신만의 과수원을 갖게 되었다. 비록 그동안 많은 돈을 벌어들였지만, 토양의 조건이 달라 나무가 갑자기 말라죽는 일이 가끔 발생했다. 하지만 세 번째 남자는 처음 발견했던 사과와 똑같은 맛과 모양의 사과를 재배해 매년 가을이 되면 다 담을 수 없을 정도로 많은 돈을 벌 수 있었다.

이번에는
실수하지 말자~

이 세 사람의 일화를 통해 우리는 미래를 내다보는 안목이야말로
가장 가치 있는 성공의 조건임을 알 수 있다.
성공학 박사인 데일 카네기(Dale Carnegie)는 이런 말을 했다.
"어떤 일에 열중하기 위해서는 그 일을 올바르게 믿고
자신에게 그것을 성취할 힘이 있다고 믿으며,
적극적으로 그것을 이루어 보겠다는 마음을 가져야 한다.
그러면 낮이 가고 밤이 오듯이 저절로 성공이 따라온다."

5

가난한 사람은 모르는 부자의 비밀

실패하는 사람들의 대부분은 자신이 성공에 이르는 꿈을 꾸지 않았기 때문이다.

– 존 F. 케네디 *John F. Kennedy*

발랑이라는 젊은 부자가 있었다. 그는 프랑스의 '갑부 50인'에 들 정도로 많은 재산을 가지고 있었지만, 갑작스럽게 암에 걸려 보비니(Bobigny)의 병원에서 죽고 말았다. 그는 임종 직전, 병원에서 유언을 남겼고 그 유언은 곧 프랑스의 일간지에 실려 많은 사람들에게 공개되었다. 그의 유언은 이러했다.

"내 재산 중 46억 프랑의 주식을 보비니 병원에 기부하여 암을 연구하는 데 쓰게 해주시오. 그리고 남은 100만 프랑은 가난한 사람에게 장학금으로 주고 싶소. 나 역시 가난하게 태어나 이만큼 성공하기까지 우여곡절이 많았소. 이렇게 죽음을 눈앞에 두고 보니 성공의 비밀을 나 혼자만 알고 가서는 안 되겠다는 생각이 들었소. 내 성공의 비밀은 한 은행의 개인

금고 안에 있는데, 그 열쇠는 내 담당 변호사와 두 대리인에게 맡겨두었소. '가난한 사람에게 가장 부족한 것'을 알아맞히는 사람에게는 성공의 비밀과 함께 100만 프랑을 상금으로 주겠소. 부디 내 상금이 좋은 일에 쓰이기를 바라오."

유언이 공개된 후, 수천 통의 편지가 신문사 앞으로 도착했다. 어떤 이는 그가 미친 사람이라고 욕을 하고, 또 어떤 이는 신문사가 판매량을 높이려는 수작을 부린다고 혀를 찼다. 하지만 상금을 타기 위해 신문사에 엽서나 편지를 보내는 사람이 훨씬 많았다. 사람들은 하나같이 편지 안에 자신만의 답안을 적어 보냈다.

어떤 사람은 가난한 사람에게 가장 부족한 것이 '돈'이라고 말했다. 돈이 있다면 가난해질 이유가 없으니 말이다. 어떤 사람은 '기회'라고 말했다. 주식을 사든 복권을 사든 운이 따라주어야 하고 좋은 기회를 잡아야 한다는 것이 그들의 주장이었다. 가난한 사람에게 가장 부족한 것이 '기술과 재능'이라고 말한 사람도 있었다. 현대사회에서는 기술이 곧 돈이 되며, 성공의 밑거름이기 때문이다. 또 어떤 사람은 정부와 사회의 '관심'만 있다면 많은 일자리가 창출되어 실업자가 늘어나지 않을 것이라고 이라고 말했다. 이외에도 '알라딘의 램프', '뛰어난 외모', '돈 많은 부모' 등 갖가지 다양한 답변들이 있었다.

신문사 앞으로 온 편지는 48,561통에 달했고, 그 중에 유일하게 타일러라는 소녀가 문제의 정답을 맞혔다. 그 소녀가 편지에 쓴 것은 바로 '야망'이었다. 죽은 부자의 변호사와 대리인은 부자의 죽음을 추모하는 기념의식이 열리는 날, 경찰들의 감독 아래 부자의 개인 금고를 열어 약속대로 소녀에게 상금을 지급했다. 사람들은 이제 겨우 아홉 살이 된 어린 소녀가 어떻게 그 답을 알아맞혔는지 몹시 궁금했다. 그래서 소녀에게 그 이유를 물었더니 그녀는 이렇게 대답했다.

"저보다 두 살 많은 언니가 가끔 남자 친구를 집에 데려오는데, 그 오빠는 매번 절 볼 때마다 어린애가 욕심이 많다고 구박을 했어요. 하지만 전 그게 욕심이라고 생각하지 않아요. 자기가 갖고 싶은 걸 손에 넣으려는 건 욕심이 아니라 야망이거든요."

사람들은 부자가 낸 수수께끼 같은 문제의 답이 야망이라는 것에 아무도 이의를 제기하지 않았다. 가난한 사람에게 가장 부족한 것은 어쩌면 돈이나 기술, 기회일수도 있지만 무엇보다 돈을 벌어서 성공하겠다는 야망이 없기 때문이라는 사실을 모두들 잘 알고 있었기 때문이다. 자신이 원하는 미래를 살려고 하는 의지와 마음가짐만 있다면, 성공하지 못할 이유가 어디 있겠는가!

가난은 마음의 병이라고 할 수 있다. 그 사람의 병든 마음이 먼저 고쳐지지 않으면 결코 성공하기 어렵다. 하버드 대학을 졸업한 사람들이 세계 각지에서 이름을 알리며 성공한 삶을 사는 이유가 남들보다 부유한 가정환경에서 자랐거나 머리가 똑똑해서일 수도 있지만, 누구보다 성공을 향한 야망이 컸기 때문은 아니었을까?

프랑스의 유명한 실존주의 사상가인 사르트르는 이런 말을 남겼다.

"무엇이 되고 싶다고 끊임없이 생각하라. 그러면 당신은 언젠가 그 무엇이 되어 있을 것이다."

그리고 미국의 조지 W. 부시 대통령 역시 하버드 대학을 졸업하면서 이런 말을 남겼다.

"감정을 다스리는 사람이 모든 것을 다스릴 수 있다."

마음을 다스리고 감정을 제어할 줄 알아야 한다는 것은 아무리 강조해도 지나치지 않는다. 그것은 부단한 노력과 인내가 필요한 일이며 인간으로서 매우 고통스러운 과정이기 때문이다. 기회를 잡는 것은 당신의 이성이지만, 미래를 설계하는 것은 당신의 감성이다. 마음을 잘 다스려 자신의 한계를 극복하려고 노력한다면 성공은 언제나 당신에게 긍정적인 피드백을 가져다줄 것이다.

Chapter 09

마음을 다스리는 사람이 성공한다

잘살지는 못해도 쪽팔리게 살지는 말자

자기 자신조차 다스리지 못하는 사람에게 어떤 국민이 나라를 맡기겠는가?

- 존 F. 케네디 *John F. Kennedy*

과거의 실수와 잘못이 그 사람의 미래까지 결정할 수는 없다.
한 번의 실수는 그저 실수일 뿐, 평생을 따라다니는 오점이 되어서는 안 된다.
이제 어제의 짐을 내려놓고 새로운 내일을 계획해보는 것은 어떨까?
〈포레스트 검프(Forrest Gump)〉라는 영화에 이런 대사가 나온다.
"과거는 과거로 남겨두지 않으면 앞으로 나아갈 수 없다."
아무리 가난하고 나약한 의지를 지닌 사람이라도
누군가의 부러움을 살 만한 장점이 적어도 하나쯤은 있기 마련이다.
중요한 것은 타고난 재능이 아니라,
자신의 후천적인 재능을 발견할 수 있는 안목이다.

1

무엇이 미래를 결정하는가

현대인의 가장 심각한 정신적 범죄는 자기 자신에 대해서 불성실한 것이다.
현명한 사람은 그가 발견하는 것 이상의 많은 기회를 만든다.

– 프랜시스 베이컨 *Francis Bacon*

미국 뉴저지의 어느 작은 학교에 스물여섯 명의 아이들이 가장 허름한 교실 안에 앉아 있었다. 그 아이들은 저마다 그 나이 또래에서 찾아보기 힘든 화려한 전적을 가지고 있었다. 어떤 아이는 마약을 상습 복용했고, 어떤 아이는 소년원을 제집처럼 드나들기도 했다. 심지어 어린 나이에 세 번이나 낙태를 경험한 소녀도 있었다. 이 교실에 모인 아이들은 하나같이 부모와 선생님들이 교육을 포기한 아이들로, 말 그대로 문제아 반이었다.

잠시 후, 문을 열고 한 여자가 들어왔다. 그녀는 앞으로 이 반을 맡게 될 베라 선생님이었다. 수업 첫날, 그녀는 다른 선생님들처럼 학교의 규율을 지키라고 강요하거나 잔소리를 하지 않았다. 그녀는 웃으며 다음과 같은

171

문제를 냈다.

"세 명의 사람이 있어요. 이 중에서 인류에게 행복을 가져다줄 사람이 누구인지 한번 판단해보세요."

그녀는 칠판에 다음과 같이 썼다.

A : 부패한 정치인과 결탁하고 점성술을 믿으며, 두 명의 부인이 있고 줄담배와 폭음을 즐긴다.

B : 두 번이나 회사에서 해고된 적이 있고 정오까지 잠을 자며, 아편을 복용한 적이 있다.

C : 전쟁 영웅으로 채식주의자며 담배도 안 피우고 가끔 맥주만 즐긴다. 법을 위반하거나 불륜관계를 가져본 적 없다.

선생님의 질문에 아이들은 의심의 여지없이 만장일치로 C를 선택했다. 하지만 선생님의 대답은 뜻밖이었다.

"이 세상에 절대적인 잣대라는 건 없어요. 여러분이 옳다고 믿는 것이 때로는 잘못된 선택이 될 수도 있으니까요. 이 세 사람은 우리가 이미 알고 있는 인물이에요. A는 대통령이었던 프랭클린 루스벨트, B는 영국 제일의 수상인 윈스턴 처칠, C는 수천만 명의 소중한 목숨을 앗아간 나치스의 지도자 아돌프 히틀러입니다."

순간 교실에는 알 수 없는 침묵이 흘렀다. 베라 선생님이 다시 입을 열었다.

"여러분, 여러분의 인생은 이제부터가 시작이라는 걸 기억하세요. 과거에 어떤 일이 있었는지는 중요하지 않아요. 그 사람을 판단하게 해주는 건 그 사람의 과거가 아니라 미래니까요. 이제 어둠 속에서 나와 자신이 가장 하고 싶은 일을 찾아보세요. 여러분은 모두 소중한 존재고 얼마든지 성공할 수 있답니다."

선생님의 말은 아이들의 마음속에 남아 그들의 운명을 조금씩 변화시키기 시작했다. 그리고 그 아이들은 훗날 사회 각 분야에서 전문가로 활동하며 미래를 창조해나갔다. 어떤 아이는 심리학 박사가 되었고, 어떤 아이는 법관, 또 어떤 아이는 비행사가 되었다. 그중 반에서 가장 키 작고 말썽꾸러기이던 로버트 해리슨(Robert Harrison)이란 소년은 나중에 금융의 중심인 미국 월 스트리트에서 촉망받는 경영인이 되었다.

희망은 배신하지 않는다

가장 힘들고 고통스러울 때가 바로 성공에 가장 가까워진 때다.

– 나폴레옹 *Napoleon Bonaparte*

워털루 전쟁(Battle of Waterloo)에서 패배한 나폴레옹은 인생 최대의 쓴맛을 봐야 했다. 하지만 사람들은 나폴레옹의 일생을 두고 봤을 때, 정작 최후의 패배는 따로 있다고 말한다. 전투에서 패한 나폴레옹은 대서양의 외딴섬인 세인트헬레나(Saint Helena)로 유배되었다. 그리고 영국군의 감시를 받으며 울분의 나날을 보내게 되었다.

섬에서의 생활은 그야말로 고독과 외로움의 연속이었다. 그러던 중, 그를 잘 아는 한 친구가 그에게 선물을 하나 보내왔다. 그것은 상아와 옥으로 만들어진 체스판이었다. 그는 나폴레옹에게 이렇게 당부했다.

"누구에게도 보여줘서는 안 되는 귀중한 것이네."

하지만 나폴레옹은 비싼 선물을 받고도 실망을 감출 수가 없었다.

'이왕이면 섬을 탈출할 수 있는 무기나 몰래 보내줄 것이지 왜 뜬금없이 체스판을 보내는 거야?'

하지만 그는 곧 체스를 두며 유배 생활의 고독을 달랬다.

한때 세계사를 뒤흔든 영웅 나폴레옹은 그렇게 체스판을 벗 삼아 섬에서 천천히 죽음을 맞이했다. 그리고 그가 사망한 뒤, 그 체스판은 여러 번 경매에 부쳐졌다. 그 후 마지막으로 그 체스판을 사들인 사람이 실수로 그것을 바닥에 떨어뜨리고 말았다. 그는 체스판 아랫부분이 약간 벌어져 있는 것을 발견했다. 이를 신기하게 여긴 체스판 주인은 그 안을 열어보았다. 놀랍게도 안에는 나폴레옹을 위한 탈출 계획이 깨알 같은 글씨로 빼곡히 적혀 있었다. 나폴레옹은 또 한 번 인생을 역전시킬 수 있는 기회를 그렇게 허무하게 놓쳐버리고 말았던 것이다.

한평생 전쟁터를 누비며 기발한 전략과 전술로 유럽을 정복하고 세계를 호령한 그였지만, 친구가 보내준 간단한 수수께끼를 알아내지 못해 안타까운 죽음을 맞이하고 말았다.

⇒——→

나폴레옹은 일찍이 이런 말을 했다.
"민첩하고 기운차게 행동하라. '그렇지만'이라든지 '만약'이라든지 '왜'라는 말들을 앞세우지 마라. 이런 말을 앞세우지 않는 것이 승리의 첫 번째 조건이다."
언제 어느 때나 승리에 대한 확신과 희망이 당신을 진짜 성공으로 이끌어줄 것이다.

●

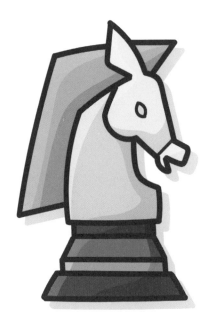

인생은 체스를 두는 것과 같다. 체스판 위의 말들을 내 마음대로 움직일 수 있지만, 그 결과가 어떨지는 누구도 미리 예측할 수 없으며 그 결과에 대한 책임은 자신이 져야 하기 때문이다.

성공하기 위해서는 새로운 아이디어, 즉 창의력이 필요하다. 고정관념이나 선입견에 얽매이지 않는 자신만의 생각이 때로는 경쟁력이 될 수 있다. 하지만 이러한 창의력은 모든 일을 긍정적으로 바라보는 마음가짐이 먼저 갖추어질 때 비로소 발휘될 수 있다.

3
긍정의 힘을 믿어라

**두려움과 맞서 싸울 때, 당신은 진정한 힘과 경험과 자신감을 얻을 수 있다.
당신은 당신이 할 수 없다고 생각하는 그 일을 해야만 한다.**

– 엘리너 루스벨트 *Anna Eleanor Roosevelt*

과거 연합국의 비서로 일했던 장안남(長安南)에게는 잊을 수 없는 선생님이 한 분 있다. 중학생 시절, 선생님이 하루는 흰색 종이 한 장을 가져오더니 그 위에 까만색 점을 그리고는 학생들에게 이렇게 물었다.

"여러분, 무엇이 보이죠?"

아이들은 마치 약속이나 한 듯이 이렇게 대답했다.

"까만 점이요."

그러자 선생님이 말했다.

"여기 조그만 점은 보이면서 설마 이 넓은 흰색 바탕이 보이지 않는 건 아니겠죠? 시선을 까만 점에 고정시킬수록 그 점은 더욱 확대되어 보일 거예요. 우리의 인생도 이와 마찬가지예요. 사소한 고민에 얽매이다 보면 이를 벗어날 수 있는 더 많은 기회를 보지 못하게 된답니다."

선생님은 잠시 후, 검은색 종이 위에 흰색 점을 그리고는 다시 이렇게 물었다.

"이번엔 뭐가 보이죠?" 아이들은 선생님의 의중을 알아차린 듯 대답했다.

"흰색 점이요!"

"네, 잘했어요. 아무리 캄캄한 어둠 속에 있어도 한 줄기 작은 희망의 빛만 발견한다면, 우리 인생은 얼마든지 아름다워질 수 있어요."

지금 이 순간을 누려라

어리석은 사람들의 특징은 즐겁지 않은 일로 고민한다는 점이다.
그들은 불행을 확대해석하는 것을 좋아한다.

– 존 애덤스 *John Adams*

한 프랑스인이 미국을 여행하다가 워싱턴의 한 식당에 들르게 되었다. 그런데 식사를 하고 나오다가 그곳에서 여권과 현금이 든 지갑을 잃어버렸다는 사실을 알게 되었다. 그는 곧장 식당의 사장을 불러 지갑을 잃어버렸다고 말했다.

"최선을 다해 찾아보겠습니다." 사장이 대답했다.

하지만 다음 날 아침이 되어도 사라진 지갑은 보이지 않았다. 그는 순간 머릿속이 복잡해졌다.

'친구한테 돈 좀 부쳐달라고 부탁해볼까? 대사관에 가서 여권을 다시 발급받을까? 아니면 경찰을 불러야 할까?'

그는 무엇을 제일 먼저 해야 할지 생각했다. 그리고 마침내 이런 결론을 얻었다.

'여권분실신고를 하더라도 오래 기다려야 할 거야. 경찰을 부르면 여기저기 불려 다니느라 시간이 낭비되겠지? 이왕 이렇게 된 거 오늘 하루 열심히 워싱턴 구경이나 해야겠는걸. 어차피 오늘 저녁에는 시카고로 가는 비행기를 타야 하니까 말이야. 그냥 좋은 쪽으로 생각하자. 어차피 단기로 여행 온 건데 오늘 아니면 언제 워싱턴에 또 와보겠어? 내 소중한 시간을 지갑을 찾는 데만 쓸 수는 없지.'

그는 여권분실신고를 한 후, 곧장 간단한 짐을 꾸려 도보로 여행을 하기 시작했고 워싱턴의 기념비와 박물관 등을 찾아가 사진을 찍으며 매우 즐거운 시간을 보냈다. 이후 미국 여행을 마치고 프랑스로 다시 돌아온 뒤, 워싱턴 경찰로부터 잃어버린 지갑을 돌려받을 수 있었다. 그는 비록 지갑을 잃어버려 당황하긴 했지만 혼자 걸어다니며 여행한 그날의 추억을 잊을 수가 없었다. 그리고 지갑을 찾는 일보다 현재의 시간을 소중히 쓰는 것이 더 중요하다는 결론을 내린 자신의 판단이 옳았다는 생각에 흐뭇한 미소를 지었다.

기회란 언제나 손에 잡힐 듯 잡히지 않기에 더 소중하게 느껴진다. 오매불망 기다릴 때는 오지 않아도 무심한 듯 잊어버릴 즈음에는 보란 듯이 나타나니 말이다. 한번 지나간 기회는 다시 오지 않는다. 지금 이 순간 내게 주어진 시간을 마음껏 누리는 것만큼 소중한 일이 또 있을까?

5

시련은 성공의 원동력이다

세상의 모든 역경은 패자를 승자로 변화시키는 힘이 있다.

— 리처드 닉슨 *Richard Nixon*

하루는 대학생이 된 딸이 학교에서 돌아와 아버지에게 이러저런 불만을 털어놓기 시작했다.

"요즘 짜증이 나 죽겠어요! 한 가지 문제를 해결하고 나면 또 다른 문제가 터져요. 공부하는 것도 힘들고 친구들도 마음에 안 들어요. 마음 같아서는 다 포기해버리고 싶어요!"

그러자 요리사인 아버지는 말없이 딸을 주방으로 데리고 들어갔다. 그리고 세 개의 냄비에 물을 반쯤 붓고 끓이기 시작했다. 물이 끓기 시작하자 아버지는 냉장고에서 당근과 달걀, 커피 가루를 꺼내어 각각의 냄비에 하나씩 담았다. 아버지는 그것들을 냄비에 담는 동안에도 아무런 말이 없었다. 딸은 '아버지가 대체 뭘 하시려고 그러는 걸까?' 하고 궁금했지만 끝까지 기다려보기로 했다. 한 20분쯤 지나자 아버지는 불을 끄고 당근과 달걀, 커피를 차례대로 접시와 컵에 담았다. 그리고는 딸을 향해 이렇게 물었다.

"얘야, 네 눈에 뭐가 보이니?"

"당근이랑 달걀, 그리고 커피요." 딸이 대답했다.

아버지는 딸에게 당근을 만져보게 했다. 물에 익힌 당근은 어느새 물렁물렁해져 있었다. 그리고 딸에게 달걀 껍데기를 벗겨보라고 말했다. 껍데기를 까자 달걀은 어느새 익어서 흰자가 탱탱하고 새하얀 고체로 변해 있었다. 마지막으로 아버지는 딸에게 커피를 마셔보라고 했다. 딸이 컵을 들어 입가로 가져가자 먼저 그윽한 커피 향기가 와 닿았다. 아버지가 끓인 커피 맛은 훌륭했다. 딸이 웃으며 물었다.

"그런데 이걸 왜 물에 넣어 끓이신 거예요?"

그러자 아버지는 이렇게 대답했다.

"이것들은 저마다 다른 성질을 지니고 있어서 똑같은 조건이 주어져도 각각 다르게 반응한단다. 처음에 딱딱하던 당근은 끓는 물을 만난 뒤, 오히려 물렁해져버렸어. 달걀은 조금만 힘을 줘도 쉽게 부서지지만 끓는 물을 만난 뒤에는 오히려 부서지지 않고 단단해졌지. 하지만 이 커피는 어떠니? 원래의 성질과는 다르게 변해버린데다 가루로 있을 때는 느껴지지 않던 그윽한 향기와 달콤한 맛이 더해졌단다."

아버지는 잠시 쉬었다 딸에게 다시 물었다.

"넌 어떤 사람이고 싶니? 생각지도 못한 환경이 주어졌을 때, 어떻게 반응하는 사람이고 싶어? 당근, 달걀, 커피 중 어떤 쪽을 닮고 싶니?"

딸은 그제야 아버지가 자신에게 무슨 말을 하려는 건지 깨달았다.

"얘야, 당근처럼 평소에는 씩씩하고 용감한 척하면서도 역경 속에서 쉽게 무너져버리는 사람이 되어서는 안 된단다. 이왕이면 당근보다는 약해 보이지만 역경 속에서 더욱 강해지는 달걀이 더 낫겠지. 하지만 난 이 커피가 참 맘에 드는구나. 원래의 모습을 잃는 듯 보여도 오히려 더 강한 맛을 내고 좋은 향기를 내뿜으며 자신이 지닌 매력과 가치를 최대한 발휘하잖니? 커피는 물이 뜨거울수록 더욱 그 맛이 좋아진단다. 너도 이번 역경을 네 가치를 높일 수 있는 기회로 삼아보렴."

➡️

역경을 이겨내려는 의지는 좌절을 딛고 다시 한 번 도전할 수 있는 힘을 주며, 성공에 한 걸음 더 가까워질 수 있는 동력이 되어준다. 세상에 시련과 역경 없는 평탄한 인생을 사는 사람은 단 한 명도 없다. 시련은 누구에게나 주어지지만, 그것에 어떻게 대처할 것인지는 당신이 선택하기에 달렸다.

6

내가 가진 것에 감사하라

사람은 진정한 자신의 진가를 깨닫지 못하면 스스로에게 만족할 수 없다.

– 마크 트웨인 *Mark Twain*

다음 이야기는 다른 사람이 당신을 어떻게 바라보느냐보다 당신 자신이 당신을 어떻게 대하느냐가 훨씬 더 중요하다는 교훈을 준다.

황메이리엔(黃美廉)은 중국인으로 핑거페인팅(Finger Painting: 손가락이나 손바닥에 물감을 묻혀 그림을 그리는 기법) 화가이자 캘리포니아 대학의 예술학 박사다. 그녀는 어릴 때 뇌성마비를 앓아 사지의 평형감각을 잃었는데, 엎친 데 덮친 격으로 언어능력마저 잃어 말을 할 수 없게 되었다. 균형을 잡고 걷는 일이 세상에서 제일 어려운 그녀는 걸을 때마다 두 손이 춤을 추듯이 좌우로 움직였다. 가끔씩 기분이 좋아질 때면 남들이 알아들을 수 없는 소리로 혼자 중얼거리기도 했다. 하지만 이런 그녀에게도 상대방의 표정과 입모양만 보고도 그 사람의 기분과 마음을 읽어내는 능력이 있었다. 즐거울 때는 짧은 환호성을 지르거나 박수를 치기도 했고, 만나는 사람에게 자신이 직접 그린 엽서를 건네기도 했다.

사람들은 이러한 장애를 지닌 그녀가 매우 고통스러운 삶을 살았을 거라고 생각했지만, 그녀는 오히려 자신감에 넘쳤다. 캘리포니아 대학에서 예술학 박사학위를 받을 수 있었던 것도 다 이런 자신감 덕분이었다. 한번은 그녀가 불편한 몸을 이끌고 대학 강단에 섰을 때, 강의 도중 한 학생이 그녀에게 물었다.

"박사님, 어릴 때부터 이런 모습으로 살아오셨을 텐데 박사님께서는 자신을 어떻게 보고 계십니까? 억울하거나 원망스럽지는 않습니까?"

학생의 질문에 그녀는 웃으며 고개를 돌려 칠판에 다음과 같이 써내려갔다.

'나는 나를 어떻게 보는가?'

1. 나는 정말 귀엽다.

2. 나의 다리는 길고 날씬하다.

3. 엄마와 아빠는 나를 무척 사랑하신다.

4. 하나님은 나를 매우 사랑하신다.

5. 나는 그림을 그릴 수 있고 글을 쓸 수 있다.

6. 나에게는 귀여운 고양이가 있다.

그녀가 이렇게 글을 쓰는 동안 강의실 안에는 잠시 정적이 흘렀다. 그녀는 자신에게 질문을 던진 학생을 한 번 더 바라보더니 다시 고개를 돌려 글 마지막에 이렇게 적었다.

'7. 나는 내가 가진 것만 보며, 내가 가지지 않은 것은 보지 않는다.'

순간 여기저기서 우렁찬 박수와 함께 감탄의 함성이 터져 나왔다. 그녀는 비록 장애를 지녔지만, 좌절하지 않고 진정한 인생의 승리자로 살아왔던 것이다.

비록 운명은 그녀에게서 많은 것을 앗아가 깊은 슬픔을 주었지만, 그녀는 단 한 번도 세상을 원망하거나 불평한 적이 없었다. 그녀는 언제나 자신감이 넘치고 당당했으며 누구보다 자기 자신과 가족, 세상을 사랑하며 살았다. 신체적 장애가 있었지만 그것으로 그녀의 전부를 판단할 수는 없었다. 그녀 역시 생각과 감정이 있어 그림과 글로써 그 감정들을 드러내려고 했고 정상인들과 다른 자신만의 삶을 소중하게 생각해왔다. 그녀를 가장 빛나게 해준 것은 바로 그녀의 자신감이었다.

우리는 모두 자신이 얼마나 많은 것을 누리고 소중한 것을 지녔는지 알지 못한 채 남들과 비교하는 실수를 범하고 있다. 황메이리엔 박사에 비하면 우리는 분명 분에 넘치는 귀한 인생을 살고 있는데도 말이다. 세상에 완벽한 인생이란 존재하지 않는다. 인생을 완벽하게 만들어주는 것은 완벽한 조건들이 아니라, 자신의 인생에 만족하고 감사할 줄 아는 마음일 것이다.

7

온 마음을 다해 노력하라

**단점을 감추려 하고 실패를 두려워하는 한,
인생은 결코 당신에게 성공의 기쁨을 가져다주지 않는다.**

– 프랭클린 루스벨트 *Franklin Roosevelt*

1987년 3월 30일 저녁, LA 카운티 뮤직 센터 '도로시 챈들러 파빌리온(Drothy Chandler Pavilion)'에서는 많은 사람들의 관심 속에 제59회 오스카 시상식(Oscar Awards)이 열리고 있었다. 시상식 중 가장 감동적인 순간은 바로 '오스카의 꽃'이라고 불리는 여우주연상을 시상할 때였다. 이날 여우주연상의 영광은 〈작은 신의 아이들(Children of a Lesser God)〉에서 열연을 펼친 마리 매트린(Marlee Matlin)에게로 돌아갔다. 그녀는 많은 사람들의 갈채를 받으며 당당하게 무대 위로 걸어 나갔고, 〈작은 신의 아이들〉의 남자주인공이자 지난해 남우조연상을 수상한 윌리엄 허트(William Hurt)에게서 트로피를 건네받았다.

트로피를 건네받은 그녀는 수상소감을 이야기해야 했지만, 감격에 벅

차 아무런 말도 할 수가 없었다. 그녀는 많은 말을 가슴에 담은 채 두 손을 가슴 앞으로 올려 손짓으로나마 감사의 마음을 전했다. 그것은 그녀가 사람들에게 보내는 무언의 수화였다.

사실 그녀는 말을 할 수 없는 농아였다. 그녀는 말을 할 수 없을 뿐만 아니라 들을 수도 없었다. 태어날 때는 정상이었지만 생후 18개월 때 고열을 앓아 말할 수도 들을 수도 없게 됐고 이후 혼자만의 세계에 갇혀 살아왔다. 사람들은 비록 그녀의 목소리를 들을 수 없었지만 수화를 통해 그녀가 지금 얼마나 벅찬 감동을 느끼고 있는지 함께 느낄 수 있었다.

매트린은 어릴 때부터 연극을 좋아했다. 그래서 열여덟 살 때 미국 일리노이 주에 있는 농아아동연기학원에 들어가 본격적으로 연기를 배우기 시작했다. 그리고 스무 살이 되던 해, 연기학원을 떠나 다양한 연극을 하며 경험을 쌓아왔다. 그녀는 연기를 통해 좌절을 극복하고 마음을 다스려 인생의 가치를 발견하는 법을 배웠다. 그녀에게 연기는 인생의 전부이자 삶 그 자체였다.

1985년 〈작은 신의 아이들〉의 감독을 맡은 랜다 헤인즈(Randa Haines)는 영화를 찍기로 결정했지만 마땅한 여배우를 찾지 못한 상태였다. 그녀는 주인공 '사라'에 어울리는 배우를 찾기 위해 6개월에 걸쳐 미국과 영국, 캐나다 등 다른 나라를 다녀봤지만 마음에 드는 배우가 없었다. 그러던 중, 우연히 〈작은 신의 아이들〉 연극을 보게 되었다. 그리고 그 연극에서 단역을 맡았던 매트린을 보자마자 그녀를 주인공으로 점찍었다. 당시 매트린은 단역이었지만 수화 연기에서만큼은 독보적인 존재로 이름나 있었다.

주인공 사라 역을 맡은 그녀는 비록 대사 한마디 없었지만 그녀만의 눈빛과 표정, 행동으로 여성의 복잡한 내면심리를 표현하며 스토리를 이끌어갔다. 그녀는 영화 〈작은 신의 아이들〉을 찍게 된 것을 인생 최대의 행운이라고 여겼다. 그녀가 표현할 수 있는 괴로움과 슬픔, 기쁨과 외로움, 좌절감 등 모든 감정들을 마음껏 표출할 수 있었기 때문이다.

오스카 여우주연상은 그녀에게 날개를 달아주었고 최초의 농아배우이면서 최연소 배우, 그리고 가장 아름다운 배우로 만들어주었다. 그녀는 수화로 사람들에게 이렇게 말했다.

"제 성공이 장애인과 비장애인 모두에게 힘이 되고 격려가 되었으면 좋겠어요."

자신의 노력으로 성공을 이루어내는 것만큼 값진 일은 없다. 우리는 장애가 있는 사람들보다 더 쉽게 성공에 이를 수 있는데도 현실에 안주하며 최선의 노력을 다하고 있지 않은 것은 아닐까? 마리 매트린은 사람들에게 언어를 초월한 사랑과 값진 노력의 결과를 동시에 보여주었다.

8

이왕 이렇게 된 이상

근심은 먹구름과 같아 언젠가는 사람의 마음에 큰 비를 내린다.

– 빅토르 위고 *Victor Hugo*

한 신혼부부가 집으로 돌아왔다. 그들은 오랜 여행에 몸이 지친 데다 밤늦게 도착해서 갑자기 심한 피로가 몰려왔다. 그래서 짐도 다 풀지 않은 채 그냥 잠이 들어버렸다. 그런데 다음 날 아침, 부부는 자동차가 없어진 사실을 알게 됐다.

차야 보험 처리를 하면 되지만, 짐을 그대로 차 안에 둔 터라 신혼여행에서 산 선물과 기념품까지 잃어버려 여간 아까운 것이 아니었다. 아내는 괜히 짐을 차 안에 뒀다며 짜증 섞인 목소리로 말했다. 그러자 남편이 말했다.

"이왕 이렇게 된 거 신경 쓰지 말자. 차를 잃어버려서 화가 날 수도 있지만, 차를 잃어버려도 우리 신혼생활은 얼마든지 즐거울 수 있어. 당신은 어느 쪽을 선택할래?"

그러자 아내가 대답했다.

"당연히 즐거운 쪽을 선택해야지."

젊은 부부는 여전히 달콤한 신혼생활을 즐겼다. 그리고 일주일 후 다행히 잃어버린 차를 다시 찾을 수 있었다. 신혼여행에서 산 선물과 기념품은 별로 돈이 안 되는 것들이라 차 안에 그대로 있었다. 하지만 산 지 얼마 안 되는 차는 여기저기 찌그러져 있어 수리를 해야만 했다. 그런데 남편이 막 수리를 끝낸 차를 몰고 오다가 도로에서 다른 사람의 차를 들이받는 사고를 내고 말았다. 불행히도 수리한 차가 다시 찌그러진데다 상대방의 손실까지 물어줘야 했다. 이 사실을 안 아내가 남편에게 말했다.

"걱정 마. 사람이 안 다쳐서 정말 다행이잖아? 사고가 나서 화가 날 수도 있지만, 그래도 우리 신혼생활은 얼마든지 즐거울 수 있어. 당신은 어느 쪽을 선택할래?"

아내의 물음에 방금까지 언짢았던 남편은 말없이 미소를 지었다. 다음 날 아침, 둘은 즐거운 마음으로 정비소에 다시 차 수리를 맡겼다.

성공한 인생을 사는 사람에게는 두 가지 공통점이 있다.
그것은 자신에게 불리하고 어려운 상황에서도 좌절하지 않는다는 것과
불행을 오히려 자신을 단련시키는 기회로 삼는다는 점이다.
이성적인 판단은 때때로 불필요한 감정을 제어할 수 있게 도와준다.
어차피 일어난 일이라면 그것으로 인해 짜증을 내기보다
그럼에도 불구하고 즐겁게 사는 것이 더 행복하지 않을까?

세상에 완벽한 사람은 없다. 누구나 크고 작은 약점을 안고 살아간다. 사람의 약점은 옥그릇에 난 흠집처럼 쉽게 가려지거나 지울 수 없지만, 때때로 그 사람을 더욱 인간적이고 진실한 사람으로 보이게 한다. 물론 인생을 순식간에 파멸시키는 약점도 있다. 약점이란 우리의 생각과 마음을 지배하여 움직일 수 없게 하는 악몽과도 같은 것이다. 지혜로운 사람은 약점을 알고 그것을 다스리며 약점이 자신이 인생을 방해할 수 없도록 한다. 어쩌면 약점이란 인간이 교만하게 살지 않도록 매 순간 일깨워주기 위해 신이 일부러 쳐놓은 덫 같은 것이 아닐까?

Chapter 10

나를 이길 수 있는 건 나뿐이다

잘살지는 못해도 쪽팔리게 살지는 말자

사람이 죄를 짓고 실패한 인생을 사는 것은 자신과의 싸움에서 이기지 못했기 때문이다.
최악의 경우 미래를 잃고 자신마저 잃게 된다.

- 카렌 린지 *Karen Lindsey*

'아니오'라고 말하는 용기를 가져라

진정한 지혜를 가지려면 먼저 자신의 양심 앞에 떳떳해져야 한다.

– 시어도어 루스벨트 *Theodore Roosevelt*

한스가 취업한 지 얼마 안 됐을 무렵, 그의 고모가 그를 만나러 왔다. 한스는 고모와 함께 여기저기 구경을 다녔고, 곧 저녁을 먹을 시간이 되었다. 한스가 그날 가진 돈은 20달러가 전부였다. 20달러는 항상 그를 아껴주는 고모를 위해서 쓸 수 있는 그의 전 재산이었다. 한스는 값싼 식당에 들어가서 먹길 바랐지만, 고모는 유명한 음식점에 들어가 맛있는 것을 먹자고 했다. 그는 어쩔 수 없이 아무 말도 못한 채 고모를 따라 들어갔다.

두 사람이 앉자마자 점원이 메뉴판을 가져다주었다. 고모가 뭘 먹을 거냐고 물어도 한스는 그저 모호한 말로 "그냥, 아무거나요."라고만 대답했다. 그는 계속 주머니에 든 20달러를 만지작거리며 안절부절못했다.

'분명 이 돈으로는 부족할 텐데, 어쩌지?'

하지만 이런 한스의 마음을 아는지 모르는지 고모는 개의치 않고 비싼 음식을 마음껏 시켰다. 그리고 계속 맛있다며 칭찬을 늘어놓았지만, 한스는 불안한 마음에 그 어떤 맛도 느낄 수가 없었다.

음식을 어떻게 먹었는지도 모르는 사이 계산해야 할 때가 오고야 말았다. 한스는 계산서를 받아들고 깜짝 놀랐다. 우려했던 일이 현실이 되어 버린 것이다. 그때 고모가 웃으면서 계산서를 받아들고 돈을 내밀었다. 그리고 한스를 향해 말했다.

"지금 네 기분이 어떤지 다 안다. 난 네가 '아니오'라고 대답해주길 바랐는데, 왜 가만히 잠자코만 있었니? 때로는 과감하게 거절을 하는 것도 용기 있는 행동이란다. 오늘 난 너한테 이 얘기를 해주고 싶었단다."

젊을 때일수록 '아니오'라고 말할 수 있는 용기를 배워야 한다. 자신이 인생의 주인이 되지 않으면 인생의 굴레 안에 오히려 갇히고 말 것이다. '아니오'라고 당당하게 거절하는 것도 우리에게 주어진 엄연한 권리임을 잊지 말자.

2
불평 한마디가 열 가지 장점을 가린다

타인을 배려하지 않는 한, 당신은 유쾌한 인생을 살 수 없다.

– 조지 버나드 쇼 *George Bernard Shaw*

"**아, 이런!** 짜증 나 죽겠네. 뭐가 이래?"

아침부터 루닌은 불평을 늘어놓고 있었다. 그런데 한참이 지나도 불평을 멈추지 않자 옆에 앉아 있던 동료가 미간을 찌푸리며 중얼거렸다.

"나 오늘 기분 좋았는데, 자네 때문에 기분 망쳤네."

루닌은 회사의 모든 행정을 총괄하는 위치에 있어서 매일 귀찮고 번거로운 일들을 도맡아서 해야 했다. 그런데 사람들이 문제가 생겨 그를 찾아올 때마다 그는 번번이 이렇게 짜증을 내고는 했다. 누가 강제로 그 일을 시킨 것도 아닌데, 그가 아니면 누구를 찾는단 말인가?

사실 루닌은 성격이 활달하고 매우 긍정적이며 굉장히 책임감 있는 사람이었다. 한 가지 흠이 있다면 종일 잔소리를 입에 달고 산다는 점이다.

그는 한 번도 자신이 해야 되는 일을 미루거나 시간을 어긴 적이 없었다. 회사물품을 구입하고 정리하는 일, 교통비를 지급하는 일, 고객과 면담하는 일, 고장 난 기계를 수리하는 일까지 그의 몫이었다. 그는 매일 정신없이 일에 파묻혀 살았는데 손이 열 개라도 모자랄 지경이었다. 그런 그의 고충을 모르는 누군가는 식사하러 나가는 것이 귀찮다며 오는 길에 먹을 것 좀 사다 달라고 부탁하기도 했는데, 그런 날이면 어김없이 루닌의 불평을 들어야만 했다.

그가 밖에서 일을 마치고 막 사무실로 들어왔을 때 한 여직원이 그에게 가위가 필요하다며 찾아왔다. 그는 금세 불만 가득한 얼굴로 소리쳤다.

"어제도 가위를 찾지 않았어? 그 부서에는 가위 하나도 없나 봐? 어제는 이거, 오늘은 저거, 내일은 대체 뭘 달라고 할 건지, 참······."

그는 서랍을 시끄럽게 여닫으며 책상 위로 가위를 던져주었다.

"앞으로는 필요한 게 있으면 한꺼번에 찾아가!"

여직원은 순간 당황했지만 금세 표정을 바꾸어 웃으면서 대답했다.

"그럼 앞으로 저희 부서에 물품비랑 교통비 청구하러 오실 때도 매일 오지 마시고 한꺼번에 받아 가세요."

그녀의 말이 끝나자마자 사람들은 모두 킥킥거리며 웃기 시작했다. 모두 한참을 웃고 있을 때, 한 영업부 직원이 복사기가 또 고장 났다며 화를 내며 들어왔다. 순간 루닌의 얼굴에 웃음이 사라졌다. 이번에는 그도 같이 짜증을 내기 시작했다.

"그러니까 내가 저번에 뭐라고 그랬어? 고장 날 때마다 그냥 넘기지 말고 수리신청서 작성해달라고 부탁했잖아. 몇 번을 말해야 알아들어?"

그는 직원에게 신청서를 던져주며 "이것 좀 적어주게. 내가 조만간 고쳐 놓을게."라고 말했다. 루닌은 사무실 문을 나서며 이렇게 중얼거렸다.

"혼자 좀 알아서 하면 안 되나? 걸핏하면 찾아와서 귀찮게 하는군."

그러자 영업부 직원도 가만히 있지 않았다.

"무슨 말이에요? 제가 일부러 귀찮게 한다는 말씀이세요?"

루닌은 이렇게 사소한 일에도 짜증을 내기 일쑤였지만, 그래도 일을 열심히 하는 만큼 회사에서 없어서는 안 될 존재였다. 사람들은 때때로 그의 칼날 같은 잔소리를 들어야 했지만, 그의 앞에서는 누구도 함부로 대꾸하지 못했다. 자신의 일에 최선을 다하는 사람에게 무슨 트집을 잡을 수 있겠는가? 단지 "짜증 나 죽겠어."라든가 "내가 저번에도 말했잖아." 또는 "왜 이것밖에 못해?" 등의 잔소리가 참기 힘들 뿐이었다.

회사에서는 매년 연말이 되면 그해의 우수사원을 뽑아서 보너스를 주고는 했는데, 직원들은 모두 형식적인 행사라고 말하면서도 내심 자신의 이름이 호명되기를 기대했다. 비록 지급되는 보너스는 많지 않았지만, 자신의 능력을 인정받는 기회인데 어느 누가 싫어하겠는가? 루닌은 한 해의 일을 돌아보며 분명 자신의 이름이 호명될 거라고 믿었다. 올해의 우수사원은 직원들의 투표를 통해서 뽑는데 자신이 그동안 직원들의 일을 많이 도와주었다고 생각했기 때문이다. 그런데 결과는 뜻밖에도 그가 아닌 다른 사람이었다. 총 예순 명이 투표에 참가한 가운데, 그의 이름이 적힌 표는 단 열 장뿐이었다. 누군가가 말했다.

"루닌은 일은 잘하지만, 그놈의 입이 문제야."

루닌은 내심 억울했다. '그렇게 열심히 일했는데 아무도 날 알아주지 않다니…….'

그놈의 입! 입!!

이야기 속 루닌은 내 일 남의 일 가리지 않고 최선을 다했지만, 언제나 불평과 불만이 가득한 나머지 사람들은 그의 장점보다 입을 함부로 놀린다는 단점을 더 많이 기억했다. 무릇 차가운 말은 남에게 상처를 주게 마련이며, 말하는 사람은 별뜻이 없었다고 해도 듣는 사람은 쉽게 잊히지 않는 법이다. 이왕 열심히 일하는 것, 불평 없이 즐거운 마음으로 일하면 더욱 좋지 않은가? 불평이 많은 사람은 어디에서도 환영받지 못한다.

3

꼭 필요한 일에 시간을 투자하라

인간이 가질 수 있는 최고의 지혜는 바로 자신의 결점을 아는 것이다.

- 프랑수아 드 라 로슈푸코 *Francois de la Rochefoucauld*

한 철학자의 친구가 어느 날 철학자를 찾아와 의미심장한 표정으로 무언가를 말하려고 했다.

"이보게, 내가 할 말이 있는데……."

그러자 철학자가 친구의 말을 끊으며 물었다.

"자네가 말하려고 하는 게 100퍼센트 사실인가?"

"그건 잘 모르겠네. 방금 길에서 들은 거라서." 친구가 대답했다.

"자네가 말하려고 하는 내용이 사실이 아니라면, 내게 유익한 것인가?" 철학자가 물었다.

"아닐세, 오히려 그 반대라네." 친구가 잠시 주저하며 대답했다.

"그럼 한 가지만 더 묻겠네. 자네가 이렇게까지 진지해질 정도로 중요한 일인가?"

철학자가 다시 물었다.

"뭐, 그다지 중요하지는 않네." 친구는 순간 멋쩍은 웃음을 지었다.

"자네가 내게 하려는 말이 사실도 아니고 유익하지도 않고, 그렇다고 중요하지도 않으면, 차라리 하지 말게! 쓸데없는 말에 귀를 기울이는 건 시간 낭비일세."

⇒──→

동물은 직감에 따라 충동적인 행동을 하지만, 인간은 그와 달리 경험의 지배를 받는다. 그중에서도 현명한 사람은 이성의 판단을 믿고 따른다. 쓸데없는 이야기로 즐거워하며 시간을 때우는 사람은 인생에서 무엇이 중요한지를 모르는 사람이다. 현명한 사람은 꼭 필요한 곳에 자신의 시간과 노력을 들이며 인생에 도움이 되지 않는 일에는 별다른 관심을 두지 않는다. 지금 당신이 해야 하는 일이 바로 가장 중요한 일이다.

자신감으로 재능을 발견하라

자신감이란 자신이 정복하고 싶은 것을 정복할 수 있다고 믿게 만드는 힘이다.

– 존 드라이든 *John Dryden*

알렉상드르 뒤마(Alexandre Dumas)는 19세기 프랑스의 극작가이자 소설가로 소설 《삼총사(The Three Musketeers)》,《몬테크리스토 백작(The Count of Monte Cristo)》으로 유명한 인물이다. 하지만 이런 그에게도 가난한 무명 시절이 있었다. 한번은 그가 일자리를 부탁할 요량으로 파리에 머물고 있는 아버지의 친구를 찾아갔다. 아버지의 친구가 물었다.

"자네는 무엇을 할 줄 아는가?" 그러자 뒤마가 대답했다.

"아무것도 할 줄 아는 게 없습니다."

"수학은 잘하는가?"

"아니요."

"그럼 물리학이나 역사학은?"

"그쪽에는 거의 문외한입니다."

"그럼 회계나 법률 쪽은 어떤가?"

계속되는 질문에 당황한 듯 뒤마의 얼굴이 빨개졌다. 태어나서 자신이 얼마나 무능력한지 처음으로 깨달았기 때문이다. 그는 다시 자신감을 내서 말했다.

"부끄럽지만, 전 할 줄 모르는 게 많습니다. 하지만 믿고 맡겨주시면 뭐든지 열심히 할게요. 절대 실망시켜드리지 않겠습니다."

그러자 아버지의 친구가 말했다.

"일자리가 있나 한번 찾아보겠네. 여기에 이름이랑 주소를 적어두고 가게나."

뒤마는 그가 내미는 종이에 이름과 주소를 써내려가기 시작했다. 그런데 순간 아버지의 친구가 미소를 띠며 이렇게 말했다.

"자네가 뭘 잘하는지 이제야 알겠구먼! 자네 글씨를 보니 천하의 명필도 울고 가겠군."

뒤마는 지금껏 자신이 무엇을 잘하는지, 무엇에 관심이 있는지를 알지 못한 채 살아왔다. 하지만 그날에서야 자신이 얼마나 글씨를 잘 쓰는지 알게 됐다. 그리고 그때부터 글을 쓰는 일에 관심을 가졌다. 물론 글씨 좀 잘 쓰는 것이 대수냐며 반박하는 사람도 있을 것이다. 하지만 크고 작고를 떠나서 장점은 말 그대로 장점이 아니던가! 때로는 하찮아 보이는 장점도 큰 경쟁력이 될 수 있다. 그가 글씨를 잘 썼기 때문에 그의 문장에 더욱 생동감이 넘치게 된 것은 아닐까?

나야말로 최고의 계란 프라이지!

자신감이 부족한 사람은 결코 자신의 숨은 장점을 발견하지 못한다.
이 세상에 어느 누구도 '무용지물'로 태어난 사람은 없다.
사람은 저마다 독특한 개성과 장점을 지닌 인격체이며
그 장점을 하나둘씩 발견하는 과정이 바로 인생인 것이다.
따라서 자신의 장점을 발견하지 못한 채 다른 사람이 지닌 장점을
부러워하는 사람은 인생의 소중한 의미를 잃고 말 것이다.

저 미친것...

5
두려움을 만드는 것은 자기 자신이다

공포가 인간에게 미치는 영향은 질병이 주는 그것보다 더 치명적이다.

– 조지 허버트 *George Herbert*

오랫동안 사람이 살지 않아 거의 폐가가 된 집이 하나 있었다. 그런데 언제부터인가 그 집에 귀신이 나타난다는 소문이 돌기 시작했다. 그 소문을 들은 사람들은 모두 그 집 근처에 가기를 꺼렸다.

어느 날, 한 겁 없는 남자가 사람들을 향해 이렇게 외쳤다.

"난 진정한 사나이요! 내가 그 집에서 하룻밤 묵고 나와 보겠소."

그는 보란 듯이 문을 열고 집 안으로 들어갔다.

그런데 또 다른 남자가 그 소문을 전해 듣고는 자신의 담력을 한번 시험해보고 싶어 자진해서 그 집에 들어가고자 했다.

두 번째 남자가 문을 열고 막 들어가려던 찰나, 먼저 집 안에 들어와 있던 첫 번째 남자는 문을 여는 것이 귀신일지도 모른다는 생각에 덜컥 겁부터 났다. 그래서 문을 막아선 채 열어주지 않았다. 그러자 밖에서 문을 열던 두 번째 남자는 안에서 문을 막고 선 것이 귀신일 거라는 생각에 순간 공포가 밀려왔다. 한 사람은 밖에서 문을 밀고, 또 한 사람은 안에서 문을 막고 선 채로 힘겨루기를 하다가 어느새 날이 밝고 말았다. 그리고 아침이 되어서야 서로가 귀신이 아니었다는 사실을 알게 되었다.

사람들은 눈에 보이지도 않는 귀신이라는 존재를 두려워한다. 하지만 가장 두려운 존재는 바로 사람들 마음속의 공포다. 보이지 않는 것에 공포를 느끼는 일만큼 공포스러운 것이 또 있을까?

⇛⟶

미국의 제32대 대통령 프랭클린 루스벨트는 이런 말을 했다.

"우리가 두려워해야 할 것은 두려움을 주는 대상이 아니라 우리가 느끼는 공포감 그 자체다."

세상의 모든 일이 복잡하고 어려운 것은 아니다. 그것을 복잡하고 어렵게 만드는 것은 다름 아닌 우리 자신이다.

6

어리석은 허영심을 벗어던져라

**인생을 안일하게 살고 싶은가? 그렇다면 항상 군중 속에 머물러 있어라.
그리고 그 안에 섞여 너 자신을 잃어버려라**

– **니체** *Friedrich W. Nietzsche*

자신의 모습을 부끄러워한 까마귀가 있었다. 까마귀는 시커먼 자기 모습이 싫어서 무리를 떠나 이리저리 떠돌아다니다가 우연히 화려한 공작새를 보게 되었다. 그리고 그 모습에 반해 몰래 떨어진 깃털을 하나씩 줍기 시작했다. 깃털이 어느 정도 모아지자 자신의 검은 깃털 사이로 공작새의 깃털을 꽂아 화려하게 치장했다.

'음, 이 정도면 누가 봐도 공작새로 알겠는걸. 내가 이렇게 예뻤다니!'

거울을 보던 까마귀는 한층 아름다워진 자신의 모습에 매우 흡족한 듯 미소를 지었다.

다음 날, 까마귀는 그동안 동고동락해오던 친구들을 떠나 공작새 무리로 갔다. 그리고 자신도 공작새인 척 그 무리에 섞여 아무렇지 않게 행동했다. 하지만 까마귀를 발견한 공작새들은 누군가가 자신들의 모습을 흉내 냈다는 사실에 몹시 격분하며 화를 내기 시작했다. 그리고 그걸로 모자라 까마귀의 깃털을 뽑고 피가 날 때까지 까마귀를 물어뜯었다.

순간 정신을 잃은 까마귀는 한참 뒤에 정신을 차린 후에야 자신의 꼴이 우스워졌다는 생각이 들었다. 그렇다고 다시 까마귀 친구들에게로 돌아갈 수는 없었다. 공작새 깃털로 화려하게 치장한 후에 친구들의 초라한 모습을 대놓고 비웃었기 때문이다. 까마귀는 저도 모르게 깊은 한숨을 쉬었다. 그런데 그때 평소 친하게 지내던 까마귀 친구가 날아와 말했다.

"이봐, 우릴 비웃고 떠난 대가가 고작 이거였어? 네가 아닌 다른 무엇이 되려고 하는 것은 바보 같은 짓이야. 네가 가진 깃털을 사랑하는 법을 배워. 네가 아무리 공작새 깃털로 아름다움을 뽐내봤자 무슨 소용이니? 어차피 원래 네 것도 아니었잖아. 네가 정말 부끄러워해야 하는 건 네 시커먼 깃털이 아니라, 네 모습을 부정하려는 그 마음이야."

➤

셰익스피어는 이런 말을 했다.
"허영심이란 자신의 모습에 덧칠을 하려는 욕망이다. 그것은 사람의 눈을 흐리게 하여 결국 아무것도 볼 수 없게 만든다."
이렇듯 자신의 양심을 속이는 일보다 부끄러운 것이 또 있을까?

7

거짓은 평생의 짐이 된다

깊은 반성과 적절한 침묵은 우리의 인생을 충만하게 한다.

- 오노레 드 발자크 *Honore de Balzac*

1946년 7월 4일, 독일의 나치군들이 철수한 지 1년이 조금 지난 시기에 있었던 일이다. 하루는 폴란드 바르샤바에서 170킬로미터쯤 떨어져 있는 키엘체(Kielce)에서 예기치 못한 학살 사건이 일어났다. 흥분한 폴란드 군중들이 모두 거리로 뛰쳐나와 유대인들을 잡아 가두고 분이 풀릴 때까지 발길질을 하며 폭력을 가한 것이다. 오전 10시에 시작된 그날의 악몽은 오후 4시가 되어서야 끝이 났다. 총 마흔두 명의 유대인들이 일방적인 폭행으로 죽음에 이르렀는데 그중에는 유대인으로 오인받은 폴란드인 두 명도 포함되어 있었다.

대체 이들 사이에 무슨 일이 일어났던 것일까? 믿기 어렵겠지만 이날의 사건은 나이 어린 한 소년의 거짓말 때문에 일어났다.

소년은 얼마 전까지만 해도 다른 도시에서 구두닦이를 하며 돈벌이를 하고 있었다. 그런데 일주일 전쯤에 가족들과 키엘체로 이주를 하게 되었고 아직 이곳 생활에 적응을 하지 못한 상태였다. 순간 고향 친구들이 그리워진 소년은 7월 1일, 부모님 몰래 고향으로 가는 기차에 올라타고 말았다. 그리고 친구들과 즐거운 시간을 보내다가 사흘이 지나서야 집으로 돌아왔다.

소년이 집에 오자마자 소년의 아버지가 회초리를 들고 다그치듯 물었다.

"이 녀석! 대체 어디 있다가 이제 나타난 거야? 혹시 유대인들한테 납치당했던 거냐? 어서 말을 해봐!"

소년은 아버지가 화를 내자 순간 무서운 생각이 들어 사실대로 말을 할 수가 없었다. 그래서 유대인들에게 끌려갔었다고 거짓말을 하고 말았다.

다음 날 아침, 소년의 아버지는 날이 밝자마자 경찰에 가서 신고를 했다. 그런데 집으로 돌아오는 길에 몇몇 이웃들이 집에 무슨 일이 있었냐고 물어왔다. 그러자 아직 화가 풀리지 않은 소년의 아버지는 아들의 거짓말을 곧이곧대로 믿고는 아들이 유대인들에게 납치당했었다고 대답했다. 비록 전쟁이 끝나고 반유대주의가 조금씩 사라져가던 무렵이었지만, 사람들은 여전히 유대인들에 대해 반감을 가지고 있었다. 이 소식은 일파만파로 퍼져나갔고 심지어 소년이 살해당했다는 터무니없는 소문까지 돌 정도였다. 감정이 격해진 폴란드인들은 당장 복수해야 한다며 입을 모았다. 결국 반유대주의를 버리지 못한 사람들은 죄 없는 유대인들을 학살하기에 이르고 말았다. 유대인이 맞는지 정확하게 조사도 하지 않은 채 의심이 가는 사람들을 모조리 끌어오는 바람에 무려 마흔두 명의 희생자가 생긴 것이다.

　그때의 소년은 이제 머리가 희끗한 할아버지가 되었다. 그는 그때를 생각하면 아직도 죄책감에 눈물이 앞을 가릴 정도로 가슴이 아팠다. 당시 비정한 학살이 일어난 곳에는 이미 기념박물관이 들어섰지만, 그는 살면서 단 한 순간도 그때를 잊을 수가 없었다.

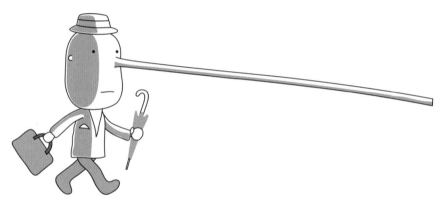

정직은 인간이 지켜야 할 가장 아름다운 미덕 중 하나다.
프랑스 작가 귀스타브 플로베르(Gustave Flaubert)는 이렇게 말했다.
"기회를 놓치면 다음 기회를 기다릴 수 있지만,
한번 놓친 거짓말은 영영 다시 잡을 수 없다."
위의 이야기처럼 거짓말은 자신뿐만 아니라 무고한 사람들에게도
얼마든지 피해를 줄 수 있다.

자신의 부족함을 받아들여라

남보다 우월하다는 생각은 인간이 지닌 가장 위험한 단점이다.

– 벤자민 프랭클린 *Benjamin Franklin*

두 마리의 생쥐가 있었다. 한 마리는 도서관에 살았고, 다른 한 마리는 곡식창고에 살고 있었다. 하루는 두 생쥐가 우연히 마주치게 되었다. 도서관에 사는 생쥐는 곡식창고에 사는 생쥐를 보자마자 거드름을 피우며 말했다.

"불쌍한 녀석, 그저 배불리 먹고 싶은 생각에 답답한 곡식창고에 갇혀 살다시피 하다니! 내가 사는 도서관은 어떤 줄 아니? 마음의 양식을 쌓을 수 있는 굉장히 멋진 곳이야. 조용하고 또 아늑하지. 곡식만 가득한 창고랑은 차원이 달라. 난 벌써 셰익스피어의 소설도 읽었는걸."

그러자 곡식창고에 사는 생쥐가 말했다.

"와! 넌 책을 많이 읽어서 정말 똑똑하겠구나!"

"당연하지! 배만 채우는 너랑은 달라. 난 책 속의 글자를 하나하나 마음속에 채워 넣으며 살거든."

"잘됐다! 마침 너한테 부탁할 일이 생겼는데, 나 좀 도와줘."

곡식창고에 사는 생쥐는 도서관에 사는 생쥐를 어느 선반으로 데리고 가서 물었다.

"넌 책도 많이 읽었으니까 글자를 읽을 줄 알겠구나? 여기에 적힌 글자가 뭐야? 참기름이야 아니면 쥐약이야?"

그가 가리킨 곳에는 노란색 병이 하나 놓여 있었다. 도서관에 사는 생쥐는 순간 당황한 표정을 지었다. 똑똑한 척 자랑은 했지만, 사실 그 역시 글을 읽을 줄 몰랐기 때문이다. 하지만 이제 와서 거짓말을 했다고 말할 수도 없었다. 도서관에 사는 생쥐는 병뚜껑을 열어 냄새를 맡아보았다. 그러자 고소한 참기름 냄새가 코를 자극했다. 그는 자신 있는 목소리로 대답했다.

"넌 바보같이 이런 것도 못 읽니? 이건 참기름 병이야."

"정말? 확실하지?"

"그래! 날 믿어! 정 못 믿겠으면 내가 먼저 마셔서 확인시켜줄게."

도서관에 사는 생쥐는 자신의 체면을 세우기 위해 단숨에 병에 있는 액체를 들이켰다. 그리고 잠시 후, 어지럼증을 호소하더니 그 자리에 쓰러져 죽고 말았다. 곡식창고에 사는 생쥐는 그제야 병에 적혀 있는 글씨가 쥐약이라는 사실을 알게 되었다.

너 자신을 알아야지!

자신의 신분과 학식, 체면에 관계없이 사람은 누구나 자신의 부족함과 무지함을 겸허하게 받아들일 수 있어야 한다. 모르면서도 끝까지 아는 척하는 사람은 결코 남들보다 더 많은 것을 배울 수 없다. 자기 자신에 대해서 정확하게 아는 것이 최고의 지혜다.

성공한 사람들의 대부분은 눈에 잘 보이지 않는 사소한 부분까지 세심한 관심을 기울이는 습관을 지녔다. 이는 일상생활 중의 사소한 일들이 모두 성공의 기회이자 자신의 잠재력을 발휘할 수 있는 수단이 된다는 걸 알기 때문이다.

지나치게 욕심을 부리거나 중요한 일을 완벽하게 해내지 못해서 실패한 경우보다 생활 속의 사소한 일들을 잘 처리하지 못해서 실패하는 경우가 더 많다. 작은 일도 제대로 해내지 못하는 사람에게 어떻게 큰일을 맡길 수 있겠는가? 데일 카네기는 이런 말을 했다.

"언뜻 보기에 보잘것없는 일일지라도 전력을 다해야 한다. 모든 일은 정복할 때마다 실력이 붙는다. 작은 일을 훌륭히 해내면 큰일은 저절로 결말이 난다."

Chapter 11

작은 차이가
성공과 실패를 결정한다

잘살지는 못해도 쪽팔리게 살지는 말자

작은 능력으로 큰일을 이루듯 하찮은 일이 때로는 성공의 열쇠가 된다. 대부분의 성공은
그 사람의 뛰어난 능력이 아닌 사소한 일을 돌아보는 관심에서 시작된다.

– 오리슨 스웨트 마든 Orison Swett Marden

1

관심을 가져야 가치가 보인다

머리를 써서 생각할 줄 모르는 사람에게 남은 것은 오직 감정뿐이다.

- 괴테 *Johan Wolfgang von Goethe*

지금으로부터 1,400년 전 아프리카 에티오피아의 카파
(Kaffa)란 지방에 염소를 모는 '칼디'라는 목동이 있었다. 그는 오랫동안
염소와 함께 생활한 탓에 염소의 습성을 잘 알고 있었다. 그래서 그가 소
리를 지르거나 채찍을 휘두르면 염소들은 주위를 맴돌며 명령에 따랐다.
　하루는 칼디가 염소들을 평소에 자주 가던 잔디밭이 아닌 새로운 초원
으로 이끌고 갔다. 그 초원 주위에는 울창한 숲이 있어 먹을거리가 풍부
했다. 그런데 저녁이 되자 염소들이 모두 이상한 증세를 보이기 시작했다.
평소 목동을 잘 따르던 염소들이었지만, 이상하게 그날은 채찍을 휘둘러
도 말을 듣지 않았다. 게다가 조용하고 온순하던 녀석들이 갑자기 춤을
추듯 활기차게 뛰어노는 것이 아닌가! 그렇게 한참을 제멋대로 뛰어다닌

염소들은 한밤중이 되어서야 제 풀에 지쳐 잠에 들었다.

칼디는 이상한 생각이 들었다.

'대체 이 녀석들이 왜 이러지? 오늘 낮에 뭘 먹었기에 이러는 걸까?'

다음 날, 그는 그 이유를 찾기 위해 염소를 데리고 어제 갔던 초원으로 다시 가보았다. 그리고 염소들이 어떤 나무의 잎과 붉은 열매를 따먹는 모습을 발견했다. 그날 저녁에도 염소들은 어제와 같이 활기차게 뛰어다니며 평소와 다른 행동을 했다.

칼디는 그 나무의 잎과 열매를 따서 집으로 돌아왔다. 그리고 천천히 그것을 입에 넣어 맛을 음미해보았다. 쓰고 떫은맛이 강했다. 그는 재빨리 입에서 뱉어내 화로에 던져버렸다. 그런데 잠시 후, 화로에서 그윽한 향기가 나기 시작했다. 신기하게 여긴 칼디는 나무의 열매를 냄비에 담아 불에 올려 끓여보았다. 그러자 떫은맛이 사라지고 굉장히 달콤한 맛이 났다. 그리고 피로가 사라지면서 정신이 맑아졌다.

열매의 효능을 알게 된 칼디는 곧 그것을 음료로 만들어 마을 사람들에게 나누어주었다. 그리고 그 소식이 이슬람 수도원의 승려들에게까지 전해졌다. 승려들은 매일 시간에 쫓기고 피곤한 생활을 해왔기 때문에 그 열매로 만든 음료는 승려들 사이에 급속도로 퍼져나갔다. 우연한 기회에 발견된 열매의 음료는 삽시간에 전 세계로 퍼져나갔고 세계인들의 사랑을 한 몸에 받기 시작했다. 사람들은 그 열매가 발견된 카파 지방의 이름을 따서 그 음료를 '커피'라고 불렀다.

만약 그때 칼디가 커피 나무를 발견하지 않았다면 지금 우리가
그윽한 커피향기를 맡을 수 있었을까?
커피를 발견하는 데 큰 역할을 한 것은
무엇보다 염소에 대한 칼디의 애정과 관심이었다.

자신의 일에 열광하라

가장 장수한 사람이란 가장 오랜 세월을 살아온 사람이 아니라
가장 뜻깊은 인생을 체험한 사람이다.

– 장 자크 루소 Jean-Jacques Rousseau

한 젊은 남자가 석유회사에 입사하게 되었다. 하지만 학력도 낮고 별다른 기술도 없는 그가 할 수 있는 일이라고는 용접을 하는 것뿐이었다. 그는 곧 드럼통 뚜껑의 용접 상태를 검사하는 부서에 배치되었다. 그 일은 회사에서 가장 쉽고, 또 가장 재미없는 일이었다. 세 살배기 어린아이도 할 수 있을 거라는 생각이 들 정도로 단순했다. 그는 매일같이 용접제가 한 방울씩 자동으로 떨어져 뚜껑이 용접되는 과정을 지켜보았다. 그리고 매일 같은 일을 반복하던 그는 6개월 만에 일에 싫증을 느껴 관리자에게 다른 일을 시켜달라고 부탁했다. 하지만 관리자는 다른 일은 어려워서 그가 해내지 못할 거라며 그의 부탁을 딘칼에 거절했다. 그는 다시 용접실로 돌아와 잠시 생각에 빠졌다.

'이게 피할 수 없는 현실이라면, 조금 더 재미있게 즐길 수 있는 방법은 없을까?'

주변에서 아무런 도움을 받을 수 없을 거라 판단한 그는 그 쉽고 무료한 일에 다시 흥미를 붙이기 시작했다. 우선 용접 과정을 주의 깊게 살피면서 용접제가 떨어지는 속도와 양을 연구했고, 그러던 중 한 가지 사실을 알아냈다. 그때까지 뚜껑 하나를 용접하는 데는 서른아홉 방울의 용접제가 들었지만, 실제로는 서른여덟 방울이면 충분했다. 용접제를 자동으로 떨어뜨려 주는 기계가 서른아홉 방울로 맞춰져 있어 매번 한 방울이 낭비되고 있었던 것이다.

이 발견을 토대로 그는 새로운 용접기를 발명해냈다. 서른여덟 방울로도 용접이 될 수 있게 장치를 해놓은 것이다. 물론 '겨우 한 방울 아껴봤자 얼마나 절약한다고 그래?' 하고 생각하는 사람도 있을 것이다. 하지만 그의 발견으로 인해 그 회사는 매년 5억 달러라는 어마어마한 비용을 절약할 수 있었다.

그가 바로 훗날 세계 석유업계의 거물이 된 '존 D. 록펠러'이다.

자신이 하고 있는 일에 관심을 가지고 흥미를 붙이다 보면
새로운 아이디어를 얻을 수 있고, 그 아이디어를 현실로 옮기면
성공은 저절로 따라오게 마련이다.
자신의 일을 즐기는 사람은 그 어떤 사소한 일 속에서도
인생의 가치와 성공의 기회를 발견할 줄 알기 때문이다.
기회란 이렇게 현실에 최선을 다하는 사람의 눈에만 보이는 마법 같은 것이다.

3

정원사의 지혜

적합한 것은 명예롭고, 명예로운 것은 적절하다.

— 키케로 *Marcus Tullius Cicero*

어느 주말 오후, 한 남자가 거리 모퉁이에서 전화를 걸고 있었다. 그는 자신의 목소리를 감추려는 듯 일부러 다른 목소리를 내며 말했다.

"안녕하십니까! 정원사 구하시죠? 정원사로 일하고 싶어 이렇게 전화를 드렸습니다. 제가 경험이 많아서 분명 큰 도움이 될 거예요."

그러나 상대는 그의 제의를 거절했다.

"미안하군요. 어디서 들었는지는 모르지만 우린 정원사를 구하지 않아요. 지금 일하고 있는 정원사가 매우 성실하고 책임감이 있어서 우리는 더 이상 정원사를 뽑지 않을 거예요."

그는 정중하게 인사했다.

"죄송합니다. 제가 전화를 잘못 걸었나 보군요."

그러자 옆에서 지켜보고 있던 친구가 그에게 물었다.

"너 얼마 전까지 정원사로 일하고 있었잖아? 설마 그 집에서 해고당한 거야?"

그가 대답했다.

"아니, 내가 방금 전화를 건 사람은 지금 일하고 있는 별장의 주인이야. 주인이 내가 일하는 것에 만족하고 있는지 알아보고 싶었거든."

한 사람의 능력은 작은 일에 얼마나 최선을 다하고 있느냐로 충분히 판단할 수 있다. 정원사가 주인에게 몰래 전화를 건 이유도 어쩌면 주인이 자신의 능력에 만족하지 않을 경우 그를 위해 더 열심히 일을 하겠다는 긍정적인 의지에서가 아닐까? 작은 일에 최선을 다하고 사소한 일도 중요한 일처럼 여기는 사람은 절대 손해를 보지 않는다.

웁스~

별것 아닌 것처럼 여겨지는 매우 사소한 결점이
한 사람의 일생을 좌우하게 될 수도 있다.
그 사람의 생각과 가치관, 성격,
인간성을 드러내는 것은 바로 그의 행동이다.
행동이 바르지 못하고 진실하지 않은 사람의
가치관과 성격을 어떻게 믿을 수 있겠는가?
무의식적으로 드러나는 자신의 행동을 조심해라.
그것이 남들이 당신을 평가할 수 있는 가장 위험한 모습이다.

4

사소한 것들이 일생을 좌우한다

어리석음이란 같은 일을 계속 반복하면서도 다른 결과를 기대하는 것이다.

— 아인슈타인 *Albert Einstein*

어느 날, 옛 소련의 지도자 레닌(Vladimir Lenin)이 사무실에 앉아 열심히 일을 하고 있는 다른 직원들의 모습을 흐뭇하게 지켜보고 있었다. 그러다가 한 직원의 셔츠에 단추가 떨어져 있는 것을 발견했지만, 그에게 아무런 말도 하지 않았다. 이튿날, 레닌은 어제 그 직원의 셔츠에 여전히 단추가 떨어져 있는 것을 보았다. 다음 날도 그 직원은 여전히 같은 곳에 단추가 떨어진 채로 출근을 했다. 그리고 레닌이 그것을 발견한 지 나흘째 되는 날, 비로소 셔츠에 단추가 꿰매져 있었다.

레닌은 저도 모르게 웃으며 중얼거렸다.

"드디어 단추를 달고 나왔군."

떨어진 단추를 보며 답답했던 그는 덩달아 자신의 기분까지 좋아지는 듯했다.

당시 소비에트 연방은 식량 부족으로 어려움을 겪고 있었다. 시민들은 먹을 것이 부족하다며 시위를 벌였지만, 돈이 많은 지주들은 식량을 몰래 감춰둔 채 사람들에게 나눠주려 하지 않았다.

식량의 공정한 분배를 위해 레닌은 특별히 그 일을 담당할 팀을 따로 만들었다. 그런데 식량 분배를 담당할 그 팀의 팀장으로 임명된 사람이 얼마 전 며칠씩 단추가 떨어진 셔츠를 입고 오던 그 직원이라는 사실을 알고는 잠시 망설였다. 사람들은 그가 능력 있고 뛰어난 직원이라고 칭찬했지만, 레닌은 이상하게 그에게 믿음이 가지 않았다. 하지만 그는 별말 없이 그를 팀장으로 인정했다.

그리고 얼마 후, 레닌 앞으로 보고서가 하나 도착했다. 그 보고서에는 팀장으로 뽑힌 그 직원의 불성실하고 게으른 행동이 낱낱이 적혀 있었다. 그로 인해 식량 분배팀과 시민들 사이에 크고 작은 싸움들이 오갔던 것이다. 옆에 있던 한 직원이 말했다.

"죄송합니다. 이는 아랫사람을 관리하지 못한 제 탓입니다."

레닌은 그의 말을 들으며 한동안 말없이 종이 위에 뭔가를 그렸다. 잠시 후, 레닌이 사무실을 나간 후 궁금해진 사람들이 그의 책상 위에 있는 종이를 들여다봤는데, 거기에는 단추 한 개가 그려져 있었다.

5

작은 성공이 모여 큰 성공을 이룬다

실수로 인한 실패는 돈을 주고도 살 수 없는 값진 경험이다.

– 앨버트 허버드 *Elbert Hubbard*

1485년, 영국의 국왕 리처드 3세는 보즈워스 평야에서 벌일 중요한 전투를 앞두고 있었다. 이는 영국의 통치권이 달린 그야말로 역사적인 전쟁이었다.

전투가 시작된 날 아침, 리처드 3세는 마부를 보내 자신이 가장 아끼는 말을 준비하라고 일렀다. 하지만 대장장이는 시간이 더 필요하다고 말했다.

"며칠 전 모든 말에게 새 말발굽을 박으라고 명령하셔서 준비한 말발굽을 모두 써버렸습니다. 새 말발굽을 만들려면 시간이 좀 더 필요합니다."

"적군이 언제 쳐들어올지 모르는 이 판국에 기다릴 여유가 어디 있겠나? 시간이 없네. 어서 서두르게."

마부가 말했다.

대장장이는 얼른 새 말발굽을 만들었고 그 위에 못을 박기 시작했다. 그런데 못이 한 개가 모자랐다.

"못이 하나 모자랍니다. 새 못을 만들 시간이 더 필요합니다."

"기다릴 시간이 없다고 분명히 말하지 않았나? 이미 출정을 알리는 나팔소리가 울렸단 말일세. 좀 더 서둘러줄 수는 없겠나?"

마부는 마음이 급해질 대로 급해져 있었다.

"다른 못이 있긴 하지만, 그건 지금 만든 새 못만큼 튼튼하지 못합니다."

대장장이가 말했다.

"됐네. 그냥 그걸로 박아두게. 더 꾸물거렸다가는 국왕께서 우릴 가만두지 않으실 거야!"

얼마 후, 리처드 3세는 자신의 말을 타고 전장으로 출격했다. 하지만 병사들의 사기를 북돋우며 적진으로 막 나아가려던 순간, 그가 타고 있던 말의 말발굽이 떨어져 나가고 말았다. 국왕의 말은 순식간에 앞으로 고꾸라졌고 그 위에 타고 있던 리처드 3세 역시 바닥으로 떨어지고 말았다. 그는 곧 적들에게 포위를 당했고 전쟁에서 어처구니없이 패하고 말았다. 하찮은 못 하나가 전쟁의 승패를 결정한 것이다.

이 이야기를 통해 우리는 어떠한 일이든지 작고 사소한 부분이라고 해서 무시하거나 가벼이 여겨서는 안 된다는 교훈을 얻을 수 있다. 그렇지 않으면 작은 못 하나로 인해 나라의 통치권을 빼앗긴 왕의 패배를 당신도 경험하게 될 것이다. 단번에 성공할 수 있는 위대한 일이란 없다. 큰 성공이란 작은 성공들이 하나씩 쌓여야만 얻을 수 있는 결과물이다.

미국의 저명한 성공학의 대가 데일 카네기는 성공의 법칙을 다음과 같이 규정했다.

"한 사람의 성공을 이루는 15퍼센트는 그의 능력에 달렸지만, 그 외 85퍼센트는 오직 인간관계에 달렸다."

인간관계는 현대사회에서 반드시 풀어야 할 숙제 같은 것이며, 반드시 넘어야 할 거대한 산이다. 처세술은 사람들과 사귀며 세상을 살아가는 방법과 수단을 이르는 말이다. 건전한 정신과 긍정적인 사고방식으로 타인과 신뢰의 관계를 쌓아나가는 것이 진정한 처세다.

올바른 처세를 통해 내가 원하는 것을 얻는 동시에 다른 사람의 경험까지 내 것으로 만든다면 이게 바로 진정한 일거양득이 아니겠는가?

Chapter 12

리더가 되려면 마음을 움직여라

잘살지는 못해도 쪽팔리게 살지는 말자

상대방을 이해하고 싶다면 선입견이나 외모로 판단하는 습관을 버려라.

– 돌로레스 크리거 *Dolores Krieger*

1

감동을 주려거든 마음을 읽어라

**분노의 감정은 평화와 공존할 수 없다.
날카로운 발톱의 매가 비둘기와 함께할 수 없는 것처럼.**

– 마르셀 프루스트 *Marcel Proust*

우토는 얼마 전에 한 상점에서 옷을 한 벌 샀는데, 처음 세탁하자마자 실망을 금치 못했다. 셔츠의 옷깃 부분에 물이 빠져 색이 약간 변해버린 것이다. 그는 물이 빠진 옷을 들고 다시 그 상점을 찾아갔다. 그리고 그때 자신에게 옷을 팔았던 판매원에게 자초지종을 설명하려 했지만, 그러지 못했다. 그 판매원이 자신의 말을 도중에 딱 잘라버렸기 때문이다.

"당신이 산 옷과 똑같은 제품을 여러 벌 팔았지만, 이런 일은 한 번도 없었어요."

판매원은 손님들 앞에서 점점 언성을 높였다.

"옷의 질이 나쁘다고 찾아온 손님은 당신이 처음이라고요!"

판매원의 말은 마치 지금 그가 거짓말을 하면서 괜한 트집을 잡고 있으니 '어디 한번 맛 좀 봐라.' 하며 으름장을 놓는 것같이 들렸다. 두 사람의 대화가 말다툼으로 번질 무렵, 또 다른 판매원이 다가와서 말했다.

"색이 진한 셔츠는 물이 빠지는 경우가 종종 있어요. 그런데 딱히 방법이 없군요. 이런 가격의 옷은 값비싼 옷들보다 질이 떨어지게 마련이니까요."

판매원의 말을 들은 우토는 결국 화가 치밀어올랐다. 첫 번째 판매원은 그가 정직하지 못한 사람이라고 의심하더니, 두 번째 판매원은 그가 싸구려를 사서 그런 거라고 놀리는 것 같았기 때문이다. 굉장히 화가 난 우토는 이 옷은 여기에 버리고 갈 테니 버리든 그쪽이 입든 마음대로 하라고 소리치려고 했다. 그런데 그때 상점의 책임자로 보이는 여자가 다가왔다.

책임자인 카라는 그에게 아무런 말도 하지 않은 채 그의 말이 끝나기만을 기다렸다. 우토가 말하는 도중에 두 판매원이 그의 말을 반박하려고 했지만, 카라는 그녀들을 저지했다. 그녀는 우토의 말을 끝까지 다 들은 후, 옷깃 부분에 물이 빠져버린 것은 결코 그의 잘못이 아니며 상점에서는 마땅히 이런 질 낮은 제품을 팔지 말아야 했다고 덧붙였다. 그녀는 우토에게 솔직하게 말했다.

"왜 물이 빠졌는지는 저도 이유를 잘 모르겠습니다. 저희가 어떻게 처리해드릴까요? 교환이든 환불이든 손님께서 원하시는 대로 해드리겠습니다."

조금 전까지만 해도 그는 홧김에 옷을 버려두고 갈 생각이었지만, 카라의 정중한 태도에 화가 조금 누그러들었다.

"먼저 당신의 의견이 궁금하군요. 이 옷이 앞으로도 계속 물이 빠질 가능성이 있는지에 대해서요. 뭔가 다른 대책은 없습니까?"

카라는 그에게 그 옷을 일주일 더 입어볼 것을 권유했다.

"물이 계속 빠지거나 마음이 바뀌시면 언제든지 다시 오십시오. 환불해 드리죠. 이런 불편을 드려서 대단히 죄송합니다."

우토는 그제야 편안한 마음으로 상점 문을 나설 수가 있었다. 일주일이 흘렀고, 다행히 옷에는 아무런 문제가 생기지 않았다. 카라로 인해 그 상점은 그에게 믿을 만한 곳이 되었다.

➡➡➡

누군가에게 좋은 인상을 남기지 못하는 결정적인 이유는 바로 상대의 말에 귀를 기울이지 않기 때문이다. 사람들은 자신의 생각을 고집하며 상대를 설득하려고 하지만, 막상 상대가 무슨 말을 하는지에 대해서는 관심을 가지지 않을 때가 많다. 상대의 마음을 읽기 위해서는 먼저 상대의 입장에 서서 *그가 하는 말*에 귀를 기울여야 한다. 벤자민 프랭클린은 이런 말을 했다.

"상대의 말을 반박하고 서로 언성을 높여서 얻어낸 승리는 진정한 승리가 아니라, 곧 사라져버릴 먼지와도 같다. 당신은 순간의 승리를 얻었지만 그 대가로 평생의 친구를 잃게 될 것이다."

적절한 격려를 아끼지 마라

**리더는 밀지 않는다. 다만 당길 뿐이다. 실을 당기면 이끄는 대로 따라오지만,
밀면 움직이지 않고 그 자리에 멈춰 있다. 사람들을 이끄는 일도 이와 마찬가지다.**

– 드와이트 아이젠하워 *Dwight Eisenhower*

제2차 세계대전 당시 연합군이 대공세를 펼치고 있을 무렵이었다. 최고사령관이었던 아이젠하워가 우연히 라인 강을 산책하다가 한 젊은 병사를 만났다. 그 병사는 무슨 고민이 있는 듯 시무룩한 표정을 짓고 있었다.

"자네 기분이 어떤가?" 그가 물었다.

"장군님, 전 지금 초조합니다." 젊은 병사가 대답했다.

그러자 아이젠하워가 이렇게 말했다.

"그렇다면 자네는 나와 좋은 짝이 되겠군. 나도 자네만큼 초조하니까 말일세. 나랑 함께 산책을 즐기는 게 어떻겠는가? 마음을 가라앉히는 데 도움이 되길 바라네."

그는 병사에게 그 어떤 충고나 설교도 하지 않았다. 그저 옆에서 그를 위로하고 격려해주고자 노력했을 뿐이다.

"자네 눈에는 병사들 선두에서 지휘하는 내가 대단해 보일지 모르겠지만, 나 역시 마음이 불안하고 초조할 때가 많다네. 하지만 내 초조한 마음을 병사들에게 들켜버리면 안 되기에 스스로 마음을 가다듬을 수밖에. 자네에게 이 말을 해주고 싶네. 인생은 100미터 달리기가 아니라 마라톤이야. 마지막 결승점에서 승리를 얻는 사람은 성큼성큼 빠른 걸음으로 달리는 사람이 아니라, 인내하고 또 인내하며 묵묵히 자신의 길을 걸어가는 사람일세."

➡➡→

격려의 말은 화려한 수식어가 없어도 좋다. 짧고 간결하며 그 사람에게 가장 적합한 말을 해주는 것이 더 중요하다. 미국의 심리학자인 윌리엄 제임스(William James)는 이런 말을 했다.

"모든 인간의 마음 밑바탕에는 남에게 인정받고 싶은 열망이 깔려 있다."

누군가 자신감을 잃고 힘들어할 때, 그 사람에게 가장 힘이 될 수 있는 말로 격려를 해주는 것은 어떨까? 누군가 나를 인정하고 믿어준다는 확신만큼 든든한 것은 없으니 말이다.

3

질책보다 칭찬을 먼저 하라

인간이 태도를 바꿈으로써 삶을 변화시킬 수 있다는 사실은
우리 세대가 발견한 가장 위대한 진실이다.

– 윌리엄 제임스 *William James*

대통령의 비서실에 한 아름다운 여성이 새로 일하게 되었다. 그녀는 누구나 부러워할 만한 뛰어난 외모를 지녔지만, 일을 할 때는 툭 하면 실수를 하는 등 업무를 그르치기 일쑤였다.

어느 날 아침, 비서가 여느 때처럼 보고서를 들고 자신의 방으로 들어오자 대통령이 그녀에게 말했다.

"오늘 입은 원피스가 굉장히 잘 어울리는군. 이런 옷은 아름다운 자네에게만 어울릴 수 있을 거야."

실수가 잦아 아무에게도 칭찬받지 못했던 그녀는 대통령의 갑작스러운 칭찬에 얼굴이 붉어졌다. 그러자 대통령이 다시 말했다.

"그런데 한 가지 아쉬운 게 있네. 자네의 그 뛰어난 외모만큼 일처리 능

력도 훌륭했으면 더 좋을 뻔했으니 말이야."

그날 이후로 그 여비서는 자신의 일에 더욱 최선을 다했고 예전보다 실수가 많이 줄어들었다.

이 사실을 안 대통령의 아내가 남편에게 물었다.

"어떻게 그런 생각을 다 하셨어요?"

그러자 대통령은 미소를 지으며 이렇게 대답했다.

"아주 간단하오. 이발사가 수염을 깎을 때, 얼굴에 먼저 비누거품을 칠하지 않소? 그건 면도를 할 때의 고통을 줄이려고 그런 것이오."

⇒⟶

칭찬을 하기에 가장 좋은 방법은 겉으로 드러나지 않는 아주 사소한 부분을 칭찬해주는 것이다. 이는 그 사람에 대한 관심과 믿음을 동시에 나타내기 때문이다. 시기적절한 칭찬과 지혜로운 격려는 인간관계를 더욱 윤택하게 해주는 윤활제역할을 한다.

마음을 얻는 비결, 경청

처세에 능하되 처세술의 전문가가 되어서는 안 된다.

– 프랜시스 베이컨 *Francis Bacon*

시몬에게는 앤디라는 친구가 있었다. 그는 어찌나 인기가 많은지 가는 곳마다 아름다운 여자들이 줄을 서고, 파티가 열릴 때마다 한 번도 빠지지 않고 초대될 정도였다.

어느 날 저녁, 시몬은 친구와 작은 파티에 참석했는데 그가 도착하자마자 한쪽 구석에서 앤디가 한 미모의 여성과 함께 즐거운 담소를 나누고 있는 모습이 보였다. 미모의 여성은 뭐가 그리 즐거운지 계속 무언가를 이야기하고 있었지만, 앤디는 그녀의 말을 듣고만 있을 뿐 아무 말도 하고 있지 않았다. 이따금씩 웃음을 짓거나 고개를 끄덕이는 것이 전부였다. 그 둘은 그렇게 몇 시간이나 함께 있다가 헤어졌다.

다음 날, 시몬이 앤디를 만나 물었다.

243

"어제 저녁에 보니 굉장히 아름다운 여성이랑 즐거운 시간을 보내고 있더군. 정말 자네가 부럽네. 그녀가 자네에게 완전히 반한 것 같았어. 대체 어떻게 그녀의 마음을 사로잡은 건가?" 그러자 그가 대답했다.

"그거야 아주 간단해."

앤디가 미모의 여성과 대화를 나누게 된 것은 그다지 어려운 일이 아니었다. 어제 앤디가 파티 장소에 들어서자마자 누군가가 그에게 그녀를 소개시켜줬고, 앤디는 이렇게 말했다.

"피부가 매우 아름다우시군요. 겨울철에도 이렇게 건강한 피부를 유지할 수 있는 게 놀랍습니다. 어디 좋은 데 다녀오셨나요? 하와이 아니면 아카풀코(Acapulco)?"

"하와이요. 하와이의 풍경은 정말 한 폭의 그림 같죠." 그녀가 대답했다.

"하와이가 어땠는지 당신의 생각을 더 이야기해줄 수 있나요?"

"물론이죠."

그녀는 조용한 자리를 찾아 그에게 하와이 여행에 대해 말해주었다.

앤디는 어제 저녁의 일화를 얘기하면서 이렇게 덧붙였다.

"오늘 아침에 그녀가 전화를 걸어와 날 다시 만나고 싶다고 말하더군. 나랑 대화를 하면 즐겁고 편안한 느낌이 든다고 말이야. 하지만 난 어제 그녀의 이야기를 듣기만 할 뿐, 몇 마디 하지 않았어."

앤디가 여자들에게 인기가 있었던 이유는 매우 간단했다. 상대방이 자신의 이야기를 편하게 할 수 있는 기회를 주고, 또 그 이야기를 재미있게 들어준 것뿐이었다.

"당신의 생각을 이야기해줄 수 있나요?"

그는 이 한마디로 상대방의 마음을 단번에 얻을 수 있었다.

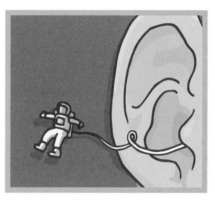

다른 사람의 말을 경청하지 않고 자신의 할 말만 늘어놓는 사람은
언제나 유쾌하지 못한 인상을 남기게 마련이다.
사람들 사이에서 가장 환영받는 사람은 다른 사람에게 먼저
말할 기회를 양보할 줄 아는 사람이다.
대화에 귀를 기울여 상대방이 무엇을 원하는지 아는 것은
상대방에 대한 최대한의 존중을 의미한다.
당신이 만약 누군가에게 훌륭한 대화 상대가 되어주고 싶다면
먼저 상대의 말에 귀를 기울여라.
상대는 분명 당신의 이야기를 들어주기보다 자신의 이야기가 더 하고 싶을 것이다.
신은 인간에게 한 개의 입과 두 개의 귀를 주었다.
귀가 입보다 하나 더 많은 이유는 적게 말하고 많이 들으라는 뜻이 아닐까?

5
존중의 힘

그 사람의 성공 여부를 알려면 먼저 자존심과 자신감,
이 두 가지 조건을 모두 갖추었는지부터 살펴야 한다.

– 소크라테스 *Socrates*

한 부자 상인이 길거리를 산책하고 있었다. 그런데 저 멀리 공원 앞에서 낡은 책을 팔고 있는 한 청년을 보게 되었다. 그 청년은 돈이 없는지 한겨울에 다 떨어져가는 옷을 입고 딱딱하게 굳어버린 빵을 먹고 있었다. 부자는 그 청년을 보는 순간 자신의 과거가 떠올라 눈시울이 붉어졌다. 지금은 사람들에게 인정을 받는 부자가 되었지만, 그 역시 한겨울에 길에서 추위와 씨름하던 때가 있었기 때문이다. 그는 청년에게 다가가 그의 손에 10달러를 쥐어주었다. 그리고 말없이 돌아서서 와버렸다. 그런데 몇 걸음 걷다가 문득 이런 생각이 들었다.

'그가 내게 돈을 달라고 구걸한 것도 아닌데, 난 왜 그를 동정한 거지? 이건 옳지 못한 방법이야.'

그는 다시 청년에게 다가가 그가 파는 낡은 책 두어 권을 집어 들었다.

그리고 웃으면서 이렇게 말했다.

"젊은이, 미안하네. 내가 돈만 쥐어주고 책을 들고 간다는 걸 깜박했지 뭔가. 용기를 잃지 말게. 나도 자네처럼 물건을 팔아서 돈을 벌었지. 어려운 시절을 겪어야 성공의 가치를 아는 법이라네."

그리고 2년 후, 부자 상인은 불우이웃을 돕는 자선모임에 참가하게 되었다. 그런데 한눈에 봐도 대단한 재력가로 보이는 말쑥한 차림의 청년이 그를 향해 다가왔다. 그리고 악수를 청하며 말했다.

"선생님, 저를 못 알아보실 수도 있지만 전 2년 동안 한순간도 선생님을 잊어본 적이 없습니다. 저는 제가 평생 낡은 책을 팔고 사람들의 동정을 구걸하며 살 팔자라고 생각했었어요. 그런데 그때 선생님께서 제게 용기와 희망을 주셨습니다."

부자 상인은 그제야 그가 2년 전 자신이 10달러를 쥐어주었던 그 청년이라는 것을 알았다. 그는 자신의 한마디에 청년이 이렇게 변화할 수 있었다는 사실에 놀라움을 감추지 못했다. 만약 그때 그가 청년에게 돈을 쥐어준 뒤, 위로나 격려의 말을 하지 않았더라면 그 청년이 현재의 성공을 이룰 수 있었을까?

프랑스의 전쟁 영웅 아르투르 딜롱(Arthur Dillon) 장군에게도 잊을 수 없는 기억이 하나 있다.

한번은 그가 수많은 군사를 이끌고 전쟁에 출전하게 되었다. 그런데 적군의 저항이 너무도 거센 나머지 한걸음도 전진할 수 없는 상황이 오고 말았다. 적군의 성을 함락시켜야 한다는 생각에 다급해진 그가 병사들에게 소리쳤다.

"적군의 성을 함락시키는 자에게는 거액의 상금을 주겠노라!"

그는 거액의 상금을 걸면 병사들이 앞다투어 적진으로 뛰어들 거라고 판단했다. 하지만 결과는 그의 예상을 빗나갔다. 단 한 명의 병사도 자원하지 않았던 것이다. 그가 용기 없고 나약한 병사들을 원망하자, 옆에 있던 한 병사가 그에게 이렇게 말했다.

"장군님, 군인에게 상금은 중요치 않습니다. 군인에게 가장 중요한 건 전쟁의 명분입니다."

그의 말뜻을 알아차린 장군이 병사들을 향해 다시 소리쳤다.

"프랑스의 용사들이여! 우리의 조국 프랑스를 위해 용감하게 싸워라!"

그러자 순식간에 병사들의 사기가 오르더니 일제히 적군의 성을 향해 뛰어들기 시작했다. 전쟁이 끝날 무렵, 원래 천이백 명 가까이 되던 병사들 중에서 오직 아흔 명의 병사만이 살아서 돌아왔다.

나라를 위해 용감하게 희생하는 병사들의 마음을 돈으로 움직이려 한 것은 그들의 자존심을 무시하는 처사라고 볼 수 있다. 프랑스 국민으로서의 그들의 자존심은 그 무엇보다 소중했기 때문이다. 이렇듯 존중의 힘은 가장 위대한 순간에 가장 위대한 역할을 한다.

미... 믿는 거야...

이 세상에는 집과 차, 아름다운 옷 등 돈만 있으면 얻을 수 있는 것들이 너무도 많다. 하지만 아무리 많은 돈으로도 결코 살 수 없는 것들도 있다. 인간의 자존심과 존엄함이 바로 그것이다. 사람과 사람 사이의 신뢰는 돈이 아닌 마음으로 얻어야 한다.

6

경험을 활용하라

자신의 욕망을 극복하는 사람이 강한 적을 물리친 사람보다 위대하다.

— 아리스토텔레스 *Aristoteles*

한 아들이 기차를 타고 런던으로 여행을 가게 되었다. 아들이 런던으로 떠나기 직전, 아버지는 진지한 표정으로 자신의 경험담을 들려주었다.

"기차에 올라타면 절대 주위를 두리번거리지 마라. 기차가 출발하고 나면 제복을 입은 두 명의 남자가 네게 다가와 표가 있냐고 물을 텐데, 그들은 사기꾼이니 조심해야 한다."

"알겠어요, 아버지." 아들이 고개를 끄덕이며 말했다.

"그리고 얼마 후에는 한 청년이 다가와 네게 담배를 함께 피우자고 권할지도 모른다. 그 담배에는 마약이 들어 있으니 각별히 조심해야 해."

"네, 아버지."

"또 식당 칸에 가면 한 아름다운 여자가 술잔을 들고 있다가 네가 다가오면 일부러 부딪히는 척하며 술을 쏟을 거야. 그리고 미안하다며 인사를 건네올 거야. 그 여자는 꽃뱀이니 넌 벙어리인 척하며 아무 대답도 하지 말거라."

"네, 아버지."

아들은 아버지의 놀라운 경험담을 들으며 자신도 조심해야겠다고 다짐했다.

"난 젊은 시절 밖에서 생활한 적이 많아 이런저런 일들을 많이 겪었단다. 없는 말을 지어내는 게 아니니 내 말을 꼭 명심해라! 참, 한 가지 더 알아둘 것이 있다. 밤에 잠을 잘 때는 지갑을 배낭에 두지 말고 신발 속에 넣어두어라. 그리고 그 신발은 반드시 머리맡에 두어야 해."

다음 날, 아들은 런던으로 가는 기차에 올라탔다. 그런데 이상하게도 아버지가 미리 알려준 그런 일들은 전혀 일어나지 않았다. 아들은 제복을 입은 두 명의 남자를 만났지만, 그들은 사기꾼이 아니라 진짜 역무원이었다. 또한 담배를 건네는 청년과 술을 쏟는 미모의 여자도 나타나지 않았다. 그는 밤에 지갑을 머리맡에 둔 채 밤을 꼬박 새웠지만, 지갑을 노리는 도둑도 보이지 않았다. 그래서 이튿날은 편안한 마음으로 지갑을 배낭에 넣어둔 채 잤고 역시 아무 일도 일어나지 않았다.

다음 날 오전, 아들은 무료한 시간을 달래기 위해 자신이 먼저 옆에 앉은 청년에게 담배를 건네며 말을 걸었다. 그리고 식당 칸에 가서는 일부러 예쁜 여자 옆에 앉아 술을 마시며 대화를 나누었다. 런던으로 가는 기차 안에서 아들은 그렇게 많은 사람을 만날 수 있었다. 아들이 런던에서 여행을 마치고 무사히 집으로 돌아오자, 아버지가 아들을 반갑게 맞이했다.

"보아하니 아무 일도 일어나지 않았던 모양이구나! 어때, 내가 시키는 대로 한 보람이 있었니?"

아버지가 우쭐한 표정을 지으며 아들을 향해 말했다.

"네, 아버지."

아들은 기뻐하는 아버지에게 다른 말을 할 수가 없었다.

그러자 아버지는 더욱 뿌듯해하며 말했다.

"역시, 내 경험이 네게 도움이 될 줄 알았다!"

다른 사람이 당신보다 더 많은 경험을 했다고 해서 그의 말을 100퍼센트 신뢰할 필요는 없다. 그 중에서 당신에게 꼭 필요한 것만 선별해서 받아들이면 된다. 세상 일이 어디 그렇게 똑같은 상황이 반복되며 일어난 적이 있었던가? 다른 사람의 경험을 바탕으로 내 인생의 가치를 높이기 위해서는 무엇보다 '적절한 선택'이 따라야 한다.

독일의 문학가 괴테는 이런 말을 했다.

"뒤에 가는 사람은 먼저 간 사람의 경험을 이용하여 같은 실패와 시간 낭비를 되풀이하지 않고 그것을 넘어 한 걸음 더 나아가야 한다. 선배들의 경험을 적절히 활용하라. 그것을 잘 활용하는 사람이 지혜로운 사람이다."

무엇이 당신의 가치를 높이는가

사람이 자기 자신을 가장 정확하게 알 수 있는 때는 바로 군중 속에 있을 때다.

— 괴테 *Johann Wolfgang von Goethe*

존슨은 한 유명 신문사의 기자였다. 그는 하버드 대학을 졸업하고 2년간의 군 복무를 마친 뒤, 신문사에서 사회부 기자로 일하게 되었다. 그는 입사 후, 다른 기자들이 쉽게 잡지 못한 특종을 잡으며 줄곧 승승장구해왔다. 외모도 잘생긴데다가 능력까지 있어 여자들에게도 인기가 매우 많았다. 그가 취재를 나갈 때는 평소 인터뷰를 잘 하지 않기로 소문난 유명인사들도 선뜻 취재를 허락하고 그를 반갑게 맞아줄 정도였다.

그러던 중, 뜻하지 않게 회사 내에서 다른 기자들과 마찰이 생겨 그는 내내 기분이 언짢았다. 그리고 이런 일을 겪고도 회사에 계속 남아 있어야 하는지 고민되기 시작했다. 한창 고민에 빠져 있을 무렵, 다른 신문사로부터 뜻밖의 스카우트 제의를 받았고 그는 생각했다.

'이 회사에서 일하면서 좋은 일도 많았지만, 안 좋은 일도 참 많이 겪었어. 월급도 더 많이 준다는데 그냥 회사를 옮겨 버릴까? 돈도 많이 벌면서 내가 좋아하는 일을 계속 할 수 있잖아. 여기 계속 남았다가는 다른 기자들과 또 무슨 마찰이 생길지 몰라.'

그는 오래 고민하지 않고 회사를 옮겨버렸다. 비록 회사 규모가 작긴 했지만, 새로운 신문사에서 그에게 더 좋은 조건을 제시했기 때문이다. 그런데 그가 취재를 나간 첫째 날, 뜻밖의 일이 발생하고 말았다. 원래 인터뷰를 하기로 약속을 한 유명 연예인이 갑자기 급한 약속이 생겼다며 인터뷰를 취소해버린 것이다. 그뿐만이 아니었다. 조만간 자신의 기자 생활을 담은 책을 출판하기로 계약을 앞둔 출판사 역시 경기가 안 좋다는 핑계를 대며 그와의 약속을 없던 일로 해버렸다. 예전 신문사에서 일할 때만 해도 그를 보면 먼저 다가와 악수를 건네던 사람들도 그의 새 명함을 받아든 순간, 하나같이 태도가 돌변했다.

존슨은 순간 세상에 혼자 내버려진 듯한 느낌이 들었다. 그동안 많은 사람들에게 둘러싸여 박수를 받던 자신의 모습이 순식간에 초라하게 느껴졌다. 이직한 지 몇 달도 채 안 되어 사장의 눈치를 보는 일도 힘들어졌다.

그는 그제야 자신이 그동안 누렸던 권력과 인기가 오직 자신의 힘으로 얻은 것이 아니라는 사실을 깨달았다. 사람들은 그가 아닌 그의 명함에 찍힌 예전 회사의 이름을 믿고 그의 취재에 응해준 것이었다. 존슨은 뒤늦게 회사의 힘을 등에 업고 사람들에게 잘난 척을 했던 지난날의 자신을 반성했다.

때로 사람의 신분과 지위를 결정하는 것은
그가 지닌 재능과 성격, 인간성이 아닌
눈에 보이지 않는 배후의 힘일 때가 많다.
사람들은 어느 정도의 권력과 지위를 얻으면 성
공했다고 생각하지만, 그것이 진정
자신의 노력과 능력으로 얻은 것인지
되돌아볼 필요가 있다.

8
믿음이 곧 희망이다

진정한 발견의 여정은 새로운 땅을 찾는 것이 아니라 새로운 눈으로 보는 것이다.

– 마르셀 프루스트 *Marcel Proust*

어느 작은 마을에 벤이라는 청년이 있었다. 그는 매일 하는 일 없이 동네를 어슬렁거리며 사람들에게 시비를 거는데다 툭 하면 술에 취해 행패를 부리는 탓에 마을 사람들은 모두 그를 싫어했다. 심지어 마을 어귀에 그가 나타나면 아예 문을 걸어 잠그는 사람들도 있었다.

그러던 어느 날, 벤이 실수로 사람을 죽이고 말았다. 평소 그를 괴롭히던 빚쟁이와 몸싸움을 하다가 그만 사고가 생긴 것이다. 그는 곧 감옥에 들어갔고, 그제야 때늦은 후회를 했다. 그는 감옥 안에서 성실하게 생활했고 교도관들의 말을 잘 따르며 다른 죄수들의 모범이 되었다. 그래서 그 대가로 법정은 그의 형량을 감해주었다.

벤은 감옥에서 나온 후, 예전 살던 마을로 다시 돌아가 새 삶을 살기로 마음먹었다. 그래서 마을에 이르자마자 일자리를 구하러 다녔다. 하지만 그의 소문을 들은 사람들은 아무도 그를 받아주지 않았다. 당장 쓸 생활비가 없는 그는 돈을 빌리러 친구를 찾아갔지만, 친구 역시 의심의 눈초리로 그를 바라보며 돈을 빌려주지 않았다. 감옥에서 나올 때만 해도 희망에 부풀어 있던 벤은 곧 실망감을 느껴야 했다.

마을 사람들은 벤이 혹시 자신을 찾아와 돈을 빌릴까봐 그를 보고도 일부러 아는 체하지 않았다. 하지만 오직 한 사람, 마을의 이장 할아버지만은 그를 먼저 따뜻하게 맞아주며 그에게 돈을 빌려주었다. 할아버지의 따뜻한 마음에 감격한 나머지 벤은 돈을 받아들고 아무 말도 하지 못했다. 벤은 말없이 할아버지를 바라보더니 곧 조용히 마을을 떠났다.

그리고 몇 년이 흘렀다. 마을을 떠났던 벤은 성공한 사업가가 되어 돌아왔다. 그는 몇 년 전 할아버지에게서 받은 돈으로 창업을 했고, 그 돈을 갚기 위해 죽을힘을 다해 노력했다. 몇 년 만에 부자가 된 그는 자신의 가족을 데리고 그때 돈을 빌려준 이장 할아버지 댁을 찾아갔다. 그리고 그때 받은 돈의 두 배를 돌려주며 말했다.

"때늦은 인사지만, 그때는 정말 감사했습니다!"

벤이 돌아간 후, 마을 사람들이 이장 할아버지에게 물었다.

"벤은 돈을 빌리고도 갚지 않기로 유명했는데, 할아버지는 그때 뭘 믿고 벤에게 돈을 빌려주셨어요?"

그러자 할아버지가 웃으며 대답했다.

"감옥에서 나온 벤은 새사람이 되어 있었어. 그의 눈을 보면서 나는 그가 변했다는 걸 느낄 수가 있었지. 나는 벤이 나를 속이지 않을 거라고 굳게 믿었어. 그저 세상이 아직 그를 버리지 않았다는 걸 느끼게 해주고 싶었을 뿐이야."

사람들은 이장 할아버지의 대답에 말없이 고개를 끄덕였다.

한 사람의 겉모습이나 이런저런 소문으로 그를 평가하려 들지 말고, 그의 마음속 깊은 곳을 들여다보는 노력을 해보는 것은 어떨까? 세상에 원래 나쁜 사람은 없다. 다만 환경이 그를 그렇게 변화시켰을 뿐이다. 때로는 물질적인 도움보다 사랑이 담긴 눈빛으로 따뜻한 말 한마디 건네주는 것이 상대방에게 더 큰 힘이 될 수 있다. 이렇듯 믿음을 주는 것은 누군가에게 새로운 희망을 주는 일과 같다.

사람의 마음이란 참으로 신비하다. 남에게 아무리 퍼주고 또 퍼주어도 그 안에 담긴 것이 바닥나지 않으니 말이다. 다른 사람에게 마음을 퍼줄수록 즐거움과 기쁨을 느낄 수 있기 때문에, 사랑의 마음은 아무리 퍼주어도 아깝지가 않다. 행복이란 바로 이런 것이 아닐까? 아무리 나누어도 줄어들거나 바닥나지 않고 그 만족감은 오히려 두 배가 되는 것 말이다.

이 세상에 다른 사람의 도움을 받지 않고 독불장군처럼 혼자 살 수 있는 사람은 없다. 나이를 먹을수록 친구와 동료들과의 인간관계는 더욱 복잡해지기 마련이다. 내가 어렵고 힘이 들 때 누군가의 손길이 필요하다면, 그 누군가가 어렵고 힘이 들 때 당신이 먼저 다가가 손을 내밀어라. 남에게 행복을 나누어주는 일을 아까워하지 않고 끊임없이 베풀 수 있는 사람이 진정으로 성공한 인생을 사는 사람이다.

Chapter 13

베푸는 사람은
두 배로 행복해진다

잘살지는 못해도 쪽팔리게 살지는 말자

사랑은 세상의 모든 문을 당신을 향해 열리게 할 수 있는 만능 열쇠다.

– **오리슨 스웨트 마든** Orison Swett Marden

낯선 거리에서 웃는 얼굴로 친절을 베푸는 사람을 만나면
사람들은 자기도 모르게 가슴이 따뜻해짐을 느낀다.
특히 여행을 하다가 친절한 사람을 만나면 여행의 즐거움이 배가 되기도 한다.
몸에 배인 친절은 성공의 기회를 가져다주기도 하며 나아가
인생을 변화시키기도 한다.
얼굴도 이름도 모르는 타인에게 우리가 줄 수 있는
가장 큰 선물은 바로 친절이다.

1

친절이 가져다준 선물

훌륭한 리더십은 평범한 사람에게 뛰어난 사람들이 일하는 방식을 보여주는 것이다.

– 존 D. 록펠러 *John D. Rockefeller*

비가 많이 내리는 어느 날, 여러 가구점이 모여 있는 거리에서 어떤 할머니가 여기저기 주위를 살피고 있었다. 아무도 그 할머니에게 신경 쓰고 있지 않았는데, 한 젊은 가구점 주인이 할머니에게 다가가 웃으며 말했다.

"할머니, 이쪽으로 오세요. 비도 많이 내리는데 가게 안으로 들어오세요."

"괜찮아요, 나는 가구를 사러 온 게 아니라 차를 기다리고 있어요."

할머니가 그의 호의를 정중히 사양했지만, 주인은 여전히 웃으며 말했다.

"물건은 안 사셔도 괜찮습니다. 그냥 편히 앉아서 구경하다가 가세요."

"이러지 않아도 되는데……."

할머니는 가구점 주인의 친절에 고마워하며 안으로 들어가 소파에 편히 앉아 차를 기다렸다.

"참, 차를 기다린다고 하셨죠? 차 번호가 어떻게 돼요? 제가 나가서 확인해 드릴게요."

주인의 물음에 할머니는 그러지 않아도 된다고 몇 번이나 말했지만 주인은 끝내 차 번호를 알아내어 밖으로 나간 후, 그 차가 왔는지를 계속 확인해주었다. 그러자 그의 모습을 지켜보고 있던 주위 사람들이 수군거리기 시작했다.

"저 친구, 할 일도 되게 없군. 할 일 없으면 편안하게 낮잠이나 자던가."

"그러게 말이야. 가구 팔 생각은 안 하고 처음 보는 할머니 뒤치다꺼리만 하고 있잖아."

하지만 가구점 주인은 차가 와서 할머니를 태워갈 때까지 친절을 베풀었다.

"할머니, 안녕히 가세요."

"고마웠어요, 젊은이!"

그 일이 있고 며칠 후, 가구점 주인은 누군가로부터 편지 한 통을 받았다.

'비 오는 날 저희 어머니께 베풀어주신 당신의 친절에 감사드립니다. 이제부터 우리 회사에 필요한 가구 일체를 당신에게 의뢰하며, 또한 고향인 스코틀랜드에 큰 집을 짓는데 그곳에 필요한 가구도 모두 당신에게 의뢰하겠습니다.'

이 편지는 놀랍게도 당시 '철강왕'으로 불리던 앤드류 카네기에게서 온 것이었다. 카네기의 어머니에게 친절을 베풀었던 가구점 주인은 그날 이후 그 지역에서 가장 성공한 가구점 주인이 되었다.

2

나눔은 지혜로운 인생의 비결

즐거움은 나눌수록 배가 되고, 고통은 나눌수록 반으로 줄어든다.

– 존 F. 케네디 *John F. Kennedy*

옛날에 아주 많이 굶주린 두 사람이 있었다. 그들은 신에게 살려달라고 기도를 했고, 신은 그들 앞에 낚싯대 하나와 싱싱한 물고기가 담긴 바구니를 들고 나타났다. 둘 중 하나를 선택하라는 신의 말에 한 사람은 낚싯대를 가져갔고, 다른 한 사람은 물고기가 든 바구니를 선택했다. 그 두 사람은 그 자리에서 헤어졌다. 먼저 물고기를 선택한 사람은 곧 장작으로 불을 피워 물고기를 굽기 시작했다. 그리고 너무 배가 고픈 나머지 다 익었는지 확인도 하기 전에 게 눈 감추듯 허겁지겁 물고기를 먹어버렸다. 그는 음식의 맛을 느낄 새도 없이 물고기 몇 마리를 어느새 뚝딱 먹어 치웠다. 하지만 몇 시간 뒤, 그는 다시 배고픔을 느꼈지만 이미 물고기를 모두 먹어버린 그에게 남은 거라고는 아무것도 없었다.

한편 낚싯대를 선택한 사람은 그것을 들고 곧장 바닷가로 향했다. 이미 배고픔에 지칠 대로 지친 그의 발걸음에는 힘이 없었다. 그는 물고기를 낚기 위해 여기저기에 낚싯대를 던져보았지만 미끼로 쓸 만한 것이 없어 한 마리도 건져 올리지 못했다. 그는 결국 그 자리에서 쓰러지고 말았다.

며칠 후, 굶주림에 시달린 또 다른 두 명의 사람들이 신을 찾았고 신은 며칠 전에도 그랬듯 그들 앞에 낚싯대 하나와 싱싱한 물고기가 담긴 바구니를 들고 나타났다. 둘 중 하나를 선택하라는 신의 말에 이번에도 역시 한 사람은 낚싯대를 가져갔고, 다른 한 사람은 물고기가 든 바구니를 선택했다. 그런데 며칠 전과 다른 것이 하나 있었다. 그 둘은 서로 흩어지지 않고 함께 바다로 향했다. 그들은 배고픔을 꾹 참으며 끼니마다 바구니 안에 든 물고기를 한 마리씩 꺼내어 먹으며 간신히 기본 체력을 유지했다. 그리고 조금씩 힘을 내어 체력을 완전히 회복했을 때쯤에 함께 바다로 나가 낚싯대로 물고기를 잡기 시작했다. 그들은 하는 일마다 손발이 척척 잘 맞았고, 곧 많은 물고기를 낚을 수 있었다. 몇 년 후, 그들은 그곳에 집을 지었고 매일 낚시를 하며 잡은 물고기를 내다 팔아 큰돈을 모았다. 그들은 마침내 자신들의 힘으로 가정을 이루었고, 그곳에서 자녀를 낳으며 행복하게 살았다.

여기 또 다른 이야기가 있다.

천국과 지옥의 차이가 무엇인지 알고 싶어 한 기독교 신자가 있었다. 죽어서 신을 만난 그는 그동안 궁금했지만 그 답을 알 수 없었던 문제의 해답을 알아내기로 마음먹었다.

"어디가 천국이고, 어디가 지옥입니까?"

신도의 물음에 신은 아무 대답도 하지 않은 채, 말없이 그의 손을 이끌고는 캄캄한 통로를 지나 어떤 곳으로 데리고 갔다. 그곳은 사람들로 꽉 차 있었는데, 부자도 있었고 가난뱅이도 있었다. 어떤 사람은 화려한 보석들로 자신을 뽐내고, 또 어떤 사람은 남루한 옷차림을 하고 있었다. 한가운데는 커다란 솥이 놓여 있었다. 밑으로는 불을 지피고 있었는데 솥 안에는 엄청난 양의 수프가 끓고 있어 방안 가득히 그 냄새가 진동을 했다. 사람들은 모두 굶주림에 시달렸는지 불쌍한 눈빛으로 솥 안의 수프를 바라보며 군침을 흘렸다.

사람들은 달려들어 수프를 먹으려고 시도했지만, 수프를 뜰 수 있는 국자가 너무 길고 무거워서 아무도 그것을 들지 못했다. 그중에서 가장 힘센 남자가 시도해봤지만 역시 실패했다. 성미가 급한 사람은 빨리 수프를 뜨려다 손과 얼굴을 데이기도 하고, 옆사람 옷에 튀어 말다툼이 일어나기도 했다. 그들은 그렇게 배고픔을 해결하지 못한 채, 옥신각신 다투고만 있었다. 신이 신자에게 말했다.

"이곳이 바로 지옥이니라."

둘은 사람들의 싸움을 피해 다른 곳으로 이동했다. 이번에도 역시 캄캄한 통로를 지나니 전과 같이 많은 사람들이 모여 있었다. 지옥에서 봤던 것처럼 가운데는 솥이 놓여 있었고, 그 안에 맛있는 수프가 끓고 있었다. 이곳의 국자 역시 길고 무거워서 쉽게 수프를 담을 수 없었지만, 이곳 사람들은 왠지 분위기가 아까와 달랐다. 그들은 아주 편안한 미소를 지으며 수프를 담고 있었다. 두 명이 한 조가 되어 그릇에 담았는데, 자신의 그릇보다 상대방의 그릇에 먼저 담아주고 있었다. 만일 수프를 제대로 담지 못하는 사람이 있으면, 옆사람이 도와주기까지 했다. 그들은 모두 즐거운 분위기 속에서 식사를 했고, 어느 누구도 말다툼을 하지 않았다.

신이 신자를 향해 말했다.

"여기가 바로 천국이니라."

⟫——→

선행을 통해 자신이 벌어들인 돈을 값지게 쓰고 있는 마이크로소프트(Microsoft) 사의 빌 게이츠(Bill Gates)는 이런 말을 했다.

"나눔이야말로 지혜롭게 인생을 살 수 있는 첫 번째 비결입니다."

마음이 좁은 사람은 지옥에서 수프를 두고 싸우던 사람들처럼 자기밖에 생각할 줄 모른다. 그들은 나눔의 미덕을 알지 못했기 때문에 결국 한 사람도 수프를 먹지 못했다. 당신은 어느 쪽인가? 이기적인 사람은 지옥에 떨어져 그들과 얽혀 수프를 두고 싸우겠지만, 절대 그것을 맛보지 못할 것이다. 이것이 바로 이기주의가 초래하는 안타까운 비극이 아닐까?

3

친절이 주는 감동

친절은 세상을 아름답게 하고 모든 비난을 해결한다. 얽힌 것을 풀고 곤란한 일을
수월하게 하며 암담함을 즐거움으로 바꾼다.

– **톨스토이** *Leo Tolstoy*

한 소년이 아버지와 함께 서커스를 보러 갔다. 아버지와 함께 서
커스를 보는 것은 소년에게 대단한 기쁨이었기에 얼굴에서 미소가 떠나
질 않았다. 매표소 앞에 도착하니 이미 많은 사람들이 줄을 서고 있었다.
소년의 앞에는 어느 가족이 서 있었는데 그 가족은 무려 열 명이나 되었
다. 여덟 명의 아이들은 모두 열두 살이 채 되어 보이지 않았다. 아이들은
엄마, 아빠 뒤에 두 명씩 짝을 지어 손을 잡은 채 이제 곧 구경하게 될 서
커스에 대해 흥분한 목소리로 신나게 떠들어대고 있었다. 아이들은 지금
까지 서커스를 한 번도 구경한 적 없는 것 같아 보였다.

그때 매표소 직원이 아이들 아버지에게 표를 몇 장 살 것인지 물었다.
그러자 아버지는 아이들에게 자랑이라도 하듯 목에 힘을 주어 말했다.

"어린이 표 여덟 장, 어른 표 두 장이요."

그런데 매표소 직원이 금액을 말하자마자 아이들 아버지의 얼굴에는 당황하는 표정이 역력했다.

"네? 얼마라고요?"

놀란 아버지가 재차 묻자 매표소 직원이 다시 금액을 말해주었다. 소년은 순간 그 아버지의 입술이 가늘게 떨리는 것이 보였다. 돈이 모자라는 것이 분명했다.

바로 그때였다.

이 광경을 지켜보고 있던 소년의 아버지가 자신의 주머니에 손을 넣더니 지폐를 꺼내서 몰래 바닥에 떨어뜨렸다. 그리고 몸을 굽혀 그것을 다시 집어 들고서는 앞에 서 있는 아이들 아버지의 어깨를 두드리며 말했다.

"여기 돈이 떨어졌네요. 방금 지갑을 꺼내시다가 떨어뜨린 모양이군요."

아버지는 미소를 지으며 아이들 아버지의 손에 지폐를 건네주었다.

그는 아버지의 마음을 알아차린 듯 손을 잡으며 떨리는 목소리로 말했다.

"고맙습니다, 정말 고맙습니다."

그의 눈에는 어느새 눈물이 맺혀 있었다. 아이들은 아무것도 모른 채 즐겁게 웃고 떠들며 엄마, 아빠와 함께 서커스장 안으로 들어갔다.

그날 소년은 서커스를 보지 못한 채 아버지와 함께 다시 집으로 돌아와야 했다. 자신들의 표까지 사기에는 아버지가 가진 돈이 부족했기 때문이다. 하지만 소년은 서커스를 보지 못한 것이 조금도 섭섭하지 않았다. 오히려 남에게 친절을 베푸는 아버지와 그 친절로 인해 행복해하던 아이들을 떠올리자 어느새 마음 한쪽이 따뜻해졌다.

사람들에게 행복을 가져다주는 것은 거창하고 화려한 것들이 아니다. 따뜻한 말 한마디와 믿음을 주는 눈빛, 그리고 감동을 주는 미소면 충분하다. 특히 어려움에 처했을 때, 누군가로부터 받은 친절과 감동은 평생 동안 잊지 못할 아름다운 추억으로 기억된다.

세상에서 가장 값진 행복

우리는 모두 누군가를 기쁘게 하려는 희망 속에서 살아간다.

- 새뮤얼 존슨 *Samuel Johnson*

중병에 걸린 두 명의 남자가 있었다. 그 둘은 어느 병원의 같은 병실에 입원하게 되었다. 병실은 매우 작은데다가 밖을 내다볼 수 있는 창문이 하나밖에 없었다. 그중 창가 쪽 침대를 쓰게 된 환자는 폐에서 나오는 체액을 받아내기 위해 매일 오후에 한 시간씩 자리에 일어나 앉아 있어야 했다. 그래서 한 시간 동안만이라도 마음껏 창밖의 세상을 구경할 수 있었다. 하지만 다른 환자는 종일 침대에 꼼짝없이 누워 있어야만 했다.

매일 오후, 정해진 시간이 되면 창가 쪽 환자는 침대에 일어나 앉아 창밖을 내다보았다. 그는 창밖을 보지 못해 답답해하는 다른 환자를 위해 창밖의 풍경을 일일이 설명해주었다.

"저 멀리 호수가 있는 공원이 보이네요. 호수 위에는 오리와 백조들이 떠다니고, 아이들은 모형 배를 만들어 띄우며 즐거워하고 있어요. 젊은 연인들은 손을 잡고 거리를 산책하고 이따금씩 자전거를 타거나 공놀이도 하네요. 공원 주위에는 아름다운 꽃과 푸른 나무들이 많아요. 그리고 나무 저편으로는 빽빽이 들어선 아파트도 보여요. 여름이라 그런지 아가씨들이 하늘거리는 치마를 입고 활기차게 걸어가는 모습도 보이고요. 저런, 한 아이가 하마터면 호수에 빠질 뻔했네요."

창가에서 멀리 떨어진 환자는 창가 쪽 환자가 창밖 풍경을 들려줄 때마다 귀를 기울이며 즐거워했다. 그가 어찌나 생생하게 묘사를 잘 하는지 마치 환자 자신이 지금 바깥 풍경을 내다보고 있는 듯한 착각이 들 정도였다. 그러던 어느 날, 문득 어떤 생각이 그의 머릿속을 스치고 지나갔다.

'왜 저 사람만 창밖을 내다볼 수 있는 특권을 누리고 있지? 왜 저 사람 혼자서만 바깥을 내다보는 즐거움을 독차지하고 있는 거야? 왜 나에게는 저런 기회가 주어지지 않을까?'

그는 이런 생각을 하는 자신이 부끄러웠지만, 그 생각을 떨쳐버리려고 노력하면 할수록 점점 더 창가 쪽 환자에게 질투가 났다. 그는 침대의 위치를 바꿀 수만 있다면 무슨 일이든 하고 싶었다.

그러던 어느 날 밤이었다. 그가 천장을 바라보며 누워 있는데 창가 쪽 환자가 갑자기 기침을 심하게 하면서 숨을 가쁘게 몰아쉬기 시작했다. 그리고 힘겹게 손을 버둥거리며 간호사 호출 버튼을 찾기 시작했다. 하룻밤 새 갑자기 병세가 악화된 것이 분명했다. 그는 당연히 그 환자를 도와 비상벨을 눌러주어야 했지만, 창가 쪽 자리가 탐이 난 나머지 가만히 지켜보기만 했다. 그 환자는 숨이 완전히 멎을 때까지 심한 기침을 해댔고, 결국 다음 날 아침 숨을 거두고 말았다. 간호사들은 조용히 환자의 시신을 다른 곳으로 옮겨갔다. 그는 이때다 싶은 마음에 창가 쪽 침대로 자리를 옮기고 싶다고 간호사에게 말했다. 그러자 병원 직원들이 와서 조심스럽게 그를 들어 창가 쪽 침대로 옮겨 주었다. 그리고 그가 편안히 누울 수 있도록 자리를 매만져주었다. 하지만 직원들이 나가자마자 그는 안간힘을 써서 침대에서 겨우 몸을 일으켰다. 심한 통증이 느껴졌지만 창밖을 내다보고 싶어서 꾹 참았다.

그는 얼른 창밖으로 고개를 돌려보았다. 그런데 이게 웬일인가! 그의 기대와는 달리 창밖으로는 아무것도 보이지 않았다. 맞은편 건물의 회색 담벼락이 가로막고 서 있을 뿐이었다. 그는 그제야 자신이 얼마나 어리석은 짓을 했는지 깨달았다.

여기 우리에게 매우 익숙한 이야기가 하나 있다. 바로 오 헨리(O. Henry)의 《마지막 잎새(The Last Leaf)》다.

11월에 들어서면서 폐렴으로 앓기 시작한 존시는 살려는 의지를 보이지 않은 채 창밖의 나뭇잎만 세고 있었다. 가을바람에 나뭇잎이 하나둘씩 떨어져버리자 존시는 간호해 주는 친구 수에게 "저 나무의 마지막 잎이 떨어지고 나면 나도 곧 죽을 거야."라고 말했다. 그들의 아래층에는 베어먼이라는 노인이 살고 있었는데, 화가인 그는 40년 동안 그림을 그리며 살았지만 아직 한 번도 걸작을 그려보지 못했다.

　어느 날, 수는 베어먼 노인에게 존시가 했던 말을 들려주며 정말로 마지막 나뭇잎과 함께 존시가 자신의 곁을 떠나면 어쩌나 걱정했다. 다음 날 아침, 수가 창문의 커튼을 올리니 밤새도록 세찬 비바람이 불었는데도 맞은편 담벼락에 담쟁이 잎새 하나가 그대로 붙어 있었다. 그리고 그 다음날이 지나도 잎새는 여전히 바람을 이겨내며 나뭇가지에 붙어 있었다. 그 잎새를 본 이후로 존시의 병세는 조금씩 차도를 보이기 시작했다. 하지만 존시는 곧 베어먼 노인도 폐렴에 걸렸다는 소식을 전해 들었다.

　알고 보니 베어먼 노인이 존시에게 삶의 희망을 주기 위해 밤새도록 비를 맞으며 담쟁이 잎새 그림을 그렸던 것이다. 그는 존시를 위해 평생의 걸작을 남기고는 조용히 가을바람처럼 떠나갔다.

누군가에게 희망을 주는 사람이야말로
가장 값진 인생을 사는 사람이다.
다른 사람에게 희망을 주는 일은 곧
자기 자신의 마음속에 행복의 씨앗을 심는 일이다.
혼자만의 이익을 위해서가 아니라,
모두의 이익과 행복을 위해서 노력하는 사람은
반드시 그 노력의 열매를 맺을 수 있다.

5

베풀수록 더 많은 것을 얻는다

좋은 것이란 언제나 그 가치에 비해 값이 싸다.
그러나 나쁜 것이란 언제나 그 가치에 비해 값이 비싸다.

– 헨리 D. 소로 _Henry D. Thoreau_

두 명의 젊은 수도승이 아주 먼 곳으로 성지순례를 떠나게 되었다. 둘은 곧 짐을 꾸려 수도원을 나서며 성지순례를 다 마치기 전까지는 이 곳으로 돌아오지 않겠다고 다짐했다. 둘은 그렇게 걷고 또 걸었다. 그리고 2주라는 시간이 흘렀다. 그들은 우연히 백발의 노인을 만나 함께 길을 걸었는데, 그들이 성지순례를 떠나는 수도승이라는 사실을 알고 기뻐하며 말했다.

"참 기특한 청년들이로군. 나도 그 여정을 함께하고 싶지만, 여기서 헤어져야 할 것 같네. 헤어지기 전에 한 가지 선물을 주겠네. 자네들의 소원을 한 가지씩 들어주고 싶은데, 단 조건이 하나 있어. 소원을 먼저 말하는 사람의 소원이 그 자리에서 이루어지는 대신, 나머지 한 사람은 그 소원의 두 배를 받게 될 것이네."

한 수도승이 생각했다.

'이거 잘됐군! 무슨 소원을 빌지? 참, 절대로 내가 먼저 말해서는 안 돼. 먼저 말하는 사람이 손해잖아. 저 녀석 혼자 두 배의 선물을 받게 할 수는 없어.'

다른 수도승 역시 같은 생각을 했다.

'내가 먼저 소원을 말하면 저 녀석은 그 두 배를 받는다는 소리잖아. 절대 먼저 말하지 말아야지.'

두 사람은 서로에게 먼저 소원을 말하라며 갑자기 양보하기 시작했다.

"네가 먼저 말해! 네가 나보다 한 살 더 많으니까 당연히 네가 먼저 말해야지."

"아니야, 내가 너한테 양보할게."

서로 형식적인 말들을 주고받던 두 수도승은 결국 짜증을 내며 화를 내기 시작했다.

"네가 먼저 하라니까!"

"싫어! 왜 내가 먼저 해? 네가 먼저 말해!"

조금씩 언성을 높이던 두 사람은 결국 몸싸움까지 벌여가며 소원을 먼저 말하지 않으려고 했다. 그러던 중 한 수도승이 화가 나서 말했다.

"너 정말 안 되겠구나! 네가 이렇게 이기적인 줄 몰랐어. 애초에 너랑 같이 성지순례를 떠나려고 한 내가 실수한 거지. 우리 여기서 그만 갈라져. 너랑 조금이라도 같이 있고 싶지 않아!"

그러자 다른 수도승이 덩달아 화를 내며 말했다.

"그래, 맘대로 해! 내가 얻을 수 없는 건 너도 얻지 못할 거야. 내가 먼저 소원을 말하지! 내 한쪽 눈이 실명됐으면 좋겠어!"

그의 소원은 금방 이루어졌고 그는 한쪽 눈이 보이지 않게 되었다. 그리고 함께 화를 내며 싸우던 다른 수도승은 두 눈을 모두 잃고 말았다.

사실 백발 노인의 선물은 매우 크고 값진 것이었다. 두 사람은 그 소원으로 인해 자신들이 원하는 것은 뭐든지 얻을 수 있는 기회를 잡은 것이다. 하지만 그들은 서로를 시기하고 질투한 나머지 '축복'을 '저주'로 바꾸어버렸고, 좋았던 친구 사이가 하루아침에 원수가 되고 말았다. 서로를 배려하는 마음을 가졌다면 두 배의 축복을 받을 수 있는 기회였지만, 서로를 미워한 나머지 그들은 모두 두 배로 불행해지고 말았다.

마음은 아무리 나누고 나누어도 그 밑바닥이 보이지 않는다. 사람들은 먼저 베푸는 쪽이 손해를 본다고 생각하지만 이는 큰 착각이다. 사람의 마음은 많이 베풀수록 더 많은 것을 얻을 수 있다. 기쁨과 행복, 즐거움과 만족 등 먼저 베풀면 이 모든 것을 얻을 수 있는데 어찌 손해를 본다고 말할 수 있겠는가? 남보다 더 손해를 볼까 두려워하는 마음, 남이 나보다 더 많은 것을 가질까봐 질투하는 마음이 이 세상을 조금씩 각박하게 만드는 것은 아닐까.

6

불행한 마음은 아름다움을 잃은 화원과 같다

주면 받는다는 원칙이 있다. 그러므로 남을 저주하면 나한테도 그만큼 저주가 오게 된다.
우리가 원하는 물건에 대해서 언제나 그 대가를 치러야 하는 것처럼,
남에게 무언가를 끼쳤다면 그 무엇은 반드시 나에게 되돌아온다.

- 랄프 W. 에머슨 *Ralph W. Emerson*

벨 아주머니는 돈이 아주 많은 부자로, 그녀는 집 근처에 자신만을 위한 화원을 지어둘 정도로 꽃과 나무를 좋아했다. 그런데 화원이 크고 아름답다고 소문이 나면서 어느 날부터인가 많은 관광객들이 그 화원을 찾아오기 시작했고, 그녀에게 허락을 구하지도 않은 채 화원에 들어가 즐거운 시간을 보냈다.

화원 옆에는 넓은 공원이 함께 있어서 관광객들이 휴식을 취하기에 그만이었다. 젊은이들은 잔디밭에서 음악을 들으며 춤을 추었고, 노인들은 호수에 앉아 낚시를 즐겼다. 어린 아이들은 나비를 잡기 위해 잔디 위를 신나게 뛰어놀았다. 어떤 이는 공원 안에 텐트를 치고는 그곳에서 밤을 보내기도 했고, 젊은 연인들은 짝을 지어 데이트를 즐겼다. 하지만 벨 아

주머니는 창밖으로 그 광경을 바라보며 눈살을 찌푸렸다. 그녀에게는 사람들의 웃음소리와 노랫소리가 짜증스럽기만 했다. 그래서 어떻게 하면 사람들이 자신의 화원에 오는 것을 막을 수 있을까 고민하다가 한 가지 좋은 생각을 떠올렸다. 그녀는 다음 날 바로 공원 입구에 '화원 출입금지'라는 팻말을 붙여놓았다. 하지만 사람들은 이 팻말을 보고도 무시한 채 여전히 공원 안을 마음껏 돌아다니고 그녀의 화원을 구경했다. 어느 날, 어린 아이가 연을 날리다가 실이 끊어졌고 그 실이 장미덩굴에 얽힌 것을 본 그녀는 결국 화가 극도에 달하고 말았다.

이튿날 벨 아주머니는 공원 입구에 새로운 팻말을 붙였다. 그리고 그 위에 이렇게 써놓았다.

'제 공원을 찾아주셔서 감사합니다. 화원 내 뱀이 있으니 안전을 위해서 화원 출입을 삼가주세요. 사고 발생 시 책임지지 않습니다.'

과연 그녀의 아이디어는 효과가 있었다. 팻말을 본 사람들은 모두 두 번 다시 화원에 들어가지 않았기 때문이다. 혹시라도 뱀에 물리면 가까운 병원까지는 최소한 50분이 걸렸기에 사람들은 화원 근처에도 가지 않았다.

그리고 몇 년 후, 한 관광객이 그 화원을 다시 찾아갔다가 깜짝 놀라고 말았다. 예전 아름답던 화원은 어느새 수풀이 우거지고 잔디가 무성하게 자라 지저분해 보이기까지 했다. 뱀이 나온다는 소문에 사람들이 발길을 차츰 끊기 시작했고, 화원은 더 이상 사람들의 휴식처가 되지 못했던 것이다. 벨 아주머니는 문득 외롭다는 생각이 들었다. 그리고 예전에 들리던 아이들의 웃음소리와 노랫소리가 다시 그리워졌다. 그녀는 사람들이 찾지 않는 화원과 공원은 아무런 의미가 없다는 사실을 뒤늦게 깨달았다. 또한 자신의 화원을 보호하고자 붙인 팻말이 결국 자신을 긴 외로움 속에 가두는 울타리가 되고 말았다는 사실에 가슴이 아파왔다.

그 후 그녀의 삶은 어땠을까? 화원을 사랑해주는 사람들이 진정한 친구였음을 그때는 왜 몰랐을까? 사람들에게 마음을 열지 못한 그녀의 인생은 결국 행복에서 멀어지고 말았다.

⇛⟶

사람들의 마음속에는 저마다의 화원이 있다. 하지만 만약 다른 사람들이 그 안에 놀러와 즐거움을 찾는 일을 허락하지 않는다면, 당신의 마음속은 벨 아주머니의 화원처럼 메마르고 황량해질 것이다.

사랑은 아름다운 마법이다. 시들어가는 장미꽃에 생기를 불어넣어주고 배고픈 자의 영혼을 채워주며, 무료한 인생에 무한한 활력을 더해준다. 서로의 사랑을 확인하기는 쉽지만, 그 사랑을 끝까지 지켜내기란 여간 어려운 일이 아니다. 한때 다정했던 연인들이 하루아침에 등을 돌리는 것도 어쩌면 관심과 애정이 식어버렸기 때문이 아닐까?

사랑은 처음부터 활활 타오르는 횃불 같은 것이 아니다. 그것은 눈에 잘 보이지 않는 작은 불씨이기에 그것을 얼마나 크게 피워낼 수 있는가는 우리의 노력에 달려 있다. 사랑은 자유고 이해며, 관용과 존중의 정신이다. 하지만 지혜가 없이는 그 어떤 사랑도 영원하지 못하다. 지혜로운 사랑이 무엇인지 이해하는 한 당신은 영원히 당신의 사랑을 지켜낼 수 있을 것이다.

Chapter 14

사랑이 없는 인생은
불완전하다

잘살지는 못해도 쪽팔리게 살지는 말자

사랑은 우리의 삶을 생동감 넘치게 해주는 아름다운 힘이다.
그래서 사랑은 우리가 평생 포기하지 말아야 할 권리다.

- 조지 산타야나 *George Santayana*

때로는 마음속의 말을 직접적으로 표현하기가 부끄러울 때가 있다. 그럴 때는 표현의 방식을 과감하게 바꾸어보라. 같은 말이라도 어떻게 표현하느냐에 따라서 그 말의 의미와 깊이가 달라진다. 사랑을 표현할 때는 이성적이지 못해도 좋다. 자신의 감정과 생각을 솔직하고 신중하게 전달하는 것이 가장 중요하다.

1

사랑을 얻는 최고의 지혜는 진심이다

구해서 얻은 사랑은 좋은 것이다. 그러나 구하지 않고 얻은 것은 더욱 좋다.

– 셰익스피어 *William Shakespeare*

러시아의 과학자 이반 페트로비치 파블로프(Ivan Petrovich Pavlov)는 서른두 살에 결혼을 했다. 그는 여자 친구에게 자신의 연구논문처럼 매우 독특한 청혼을 했다고 한다.

1880년 12월의 마지막 날, 그는 여느 때처럼 실험실에 틀어박혀 연구를 하고 있었다. 그의 친구들이 곧 새해를 맞이하는 의미로 함께 파티를 열자며 그의 집에서 그를 기다렸지만, 파블로프는 실험실에서 나올 줄을 몰랐다. 시계가 어느덧 11시를 가리키자 한 친구가 짜증을 내며 말했다.

"이 녀석은 아무도 못 말린다니까. 학교도 졸업하고 여러 차례 상도 많이 받아서 편하게 일하며 돈을 벌 수 있는데, 굳이 뭣 하러 돈도 안 되는 어려운 연구를 도맡아 하는 거야? 인생은 우리가 웃고 즐기기에도 너무나 짧다고."

287

파블로프의 친구들 중에는 교육과를 졸업한 세라피나라는 여학생도 있었다. 그녀가 방금 짜증을 낸 친구에게 말했다.

"넌 아직 그를 몰라. 인생은 너무나 짧다는 네 말은 맞지만, 파블로프는 누구보다 자신의 일에 최선을 다하고 있어. 인생은 한 번뿐이니 평생 자신이 좋아하는 일을 하는 것도 가치 있지 않니?"

어느덧 밤이 깊어 친구들은 하나둘씩 집으로 돌아갔지만, 그녀는 혼자 남아 여전히 파블로프를 기다렸다. 시계는 곧 12시를 가리켰고 1881년 새해가 다가왔다. 파블로프는 그제야 실험실을 나와 집으로 돌아왔다. 그는 문 앞에서 홀로 자신을 기다리는 그녀를 보자마자 큰 감동을 받았다. 둘은 손을 잡은 채 눈이 소복이 쌓인 거리를 걸었다. 그런데 순간 파블로프가 그녀의 손목 안쪽을 짚더니 웃으며 말했다.

"넌 심장이 아주 튼튼하구나. 힘찬 맥박 소리가 내 귀에까지 들리는 것 같아."

그러자 세라피나가 의아한 얼굴로 파블로프를 바라봤다.

"심장이 안 좋으면 과학자의 아내가 될 수 없어. 과학자는 대부분의 시간을 실험하느라 다 보내고 월급도 적어서 가정을 꾸리기가 어려울 때가 많거든. 그런데 그런 과학자의 아내가 건강하지 않으면 어떻게 혼자서 집안일을 하며 아이들을 돌보겠어?"

그녀는 그제야 그의 의중을 알아차린 듯 대답했다.

"그건 걱정하지 마. 내가 진짜 좋은 아내가 되어줄게."

그녀는 파블로프의 청혼을 받아들였고, 그 둘은 그해 결혼식을 올렸다.

2

세상에 완벽한 사랑은 없다

이해하기 위해서는 서로 닮지 않으면 안 된다.
그러나 사랑하기 위해서는 약간은 다르지 않으면 안 된다.

– 폴 제랄디 *Paul Geraldy*

어느 나라에 매우 완벽한 조건을 갖춘 남자가 있었다. 사람들은 그가 모든 것을 다 가졌기에 부족한 게 없을 거라고 생각했지만, 그에게도 없는 것이 있었다. 바로 그에게 어울리는 완벽한 여자였다. 그는 줄곧 완벽한 여자를 찾았지만, 여든 살이 될 때까지 독수공방해야 했다.

어느 날, 누군가가 그에게 말했다.

"당신은 전국을 돌아다니며 완벽한 여자를 찾으러 다녔다고 들었소. 그런데 아직까지 혼자인 걸 보면 여태 완벽한 여자를 못 찾았나 보군요."

그러자 남자가 고개를 가로저으며 말했다.

"아니오, 한번은 그야말로 꿈에 그리던 완벽한 여자를 만난 적이 있었소."

"그런데 왜 그녀와 결혼하지 않았나요?"

그러자 남자가 한숨을 내쉬며 대답했다.

"그녀 역시 자신에게 어울리는 완벽한 남자를 찾고 있었소. 그런데 안타깝게도 나는 그녀가 찾는 완벽한 남자가 아니었소."

세상에는 지식을 쌓는 일보다 더 중요한 것이 하나 있는데,
바로 다른 사람들과 감정을 나누며 교제하는 일이다.
현대사회에서 우리는 매일 다양한 사람들을 만나며 그들과 교류하고 있다.
하지만 많은 사람을 만나다 보면 그저 짧은 순간 그들 곁을 스쳐 지날 때가 많다.
만약 스쳐 지나간 사람들 중에 진정한 인연이 있었다면,
당신은 인생의 소중한 기회를 놓쳐버린 게 된다.
이처럼 한 번의 기회는 새로운 인연을 낳고,
그 인연이 당신의 운명을 결정지어줄 수도 있다.

3
사랑하면 포기하게 되는 것들

진정한 사랑은 재물로 살 수 없고, 권력으로도 얻을 수 없는 보물 중의 보물이다.

– 토마스 만 *Thomas Mann*

하루는 아들이 잡지책을 한 권 가져와 엄마에게 물었다.

"엄마, 세 명의 남자가 엄마에게 동시에 청혼을 했어요. 첫 번째 남자는 맛있는 것을 잘 사주고 두 번째 남자는 꽃을 선물하는 것을 좋아해요. 그리고 세 번째 남자는 엄마의 아름다움을 찬양하는 시를 즐겨 써요. 엄마가 만약 결혼을 아직 안 했다면 이 중 어떤 남자와 결혼을 하시겠어요?"

"아무하고도 안 할 것 같은데?" 엄마가 말했다.

"만약 이 세 사람이 같은 사람이라면요?"

"그럼 다시 한 번 생각해봐야지."

"그럼, 이 사람이 엄마랑 결혼을 했다고 가정해보세요. 결혼한 지 10년이 흘렀어요. 10년이 지나자 이 남자는 밥을 사주는 일도, 꽃을 사주는 일도, 시를 쓰는 일도 귀찮아졌어요. 남자는 이 중에서 두 가지만 해주겠다고 말을 해요. 엄마는 남자가 어떤 걸 포기하기를 바라겠어요?”

엄마는 뜬금없는 아들의 질문에 웃으며 대답했다.

“뭐, 밥을 사주는 일을 그만두라고 하겠지.”

“그럼, 다시 10년이 지났어요. 이 남자는 꽃을 사주는 일과 시를 쓰는 일을 동시에 하기가 힘이 든다고 말해요. 그래서 이 중에서 한 가지만 해주겠다고 한다면, 엄마는 어떤 걸 포기할래요?”

“뭐가 그렇게 궁금한 게 많니? 그렇다면 시를 쓰는 일을 그만두라고 말할래.”

“엄마는 결국 꽃을 선물하는 것을 좋아하는 두 번째 남자와 결혼하는 걸 선택한 셈이네요.”

사실 그녀는 아들이 제일 처음 질문을 던졌을 때, 그중 아무하고도 결혼을 할 수가 없을 거라고 대답했다. 하지만 하나를 포기하라는 아들의 계속되는 물음에 그녀는 남자가 밥을 사주는 일과 시를 쓰는 일을 포기해도 좋다고 생각했다. 사랑하는데 밥을 안 사주면 어떻고 시를 안 써주면 또 어떤가? 아들은 말없이 손에 들고 있던 잡지책을 펼쳤다. 거기에는 이런 글귀가 있었다.

‘사랑의 힘은 놀랍고 위대하다. 사랑이 없을 때는 상대방에게 많은 것을 요구하게 되지만, 일단 그를 사랑하게 된 후에는 그가 무엇을 해주고 무엇을 해주지 않든지 마음에 담아두지 않게 된다.’

사람들은 누구나 이런 경험을 한 적이 있을 것이다. 연애 초기에는 그가 비가 오는 날마다 우산을 들고 회사 앞까지 마중을 나오기를 기대하고, 생일이 되면 자신을 위해서 근사한 생일파티를 열어주기를 기대한다. 하지만 그를 깊이 사랑하게 된 후에는 어떤가? 그가 마중을 나오지 않아도, 또 생일파티를 열어주지 않아도 그를 미워할 수가 없을 것이다. 사랑은 이렇듯 눈에 보이는 조건들로 쉽게 변할 수 있는 것이 아니기 때문이다.

사랑이 있는 한 우리는 그 어떤 어렵고 힘든 역경도 가볍게 극복할 수 있다. 이것이 바로 사랑이 지닌 놀라운 힘이다. 사랑을 하게 되면 그 사람이 지닌 장·단점을 떠나 그가 곧 나의 세계가 되고 나아가 온 우주가 된다. 사랑하는 사람을 두고 이러쿵 저러쿵 불평을 하고 그와 다른 사람을 비교하는 것은 진정한 사랑이 뭔지 겪어보지 못한 사람들이나 하는 짓이다.

4

평등한 사랑

아내인 동시에 친구일 수도 있는 여자가 참된 아내다.
친구가 될 수 없는 여자는 아내로도 마땅하지가 않다.

– 윌리엄 펜 *William Penn*

영국의 빅토리아 여왕은 자신의 사촌이었던 앨버트를 보자마자 그의 멋진 모습에 반해 먼저 프러포즈를 했고, 그가 여왕의 프러포즈를 받아들여 둘은 결혼을 하게 되었다. 그들은 슬하에 아홉 명의 자녀를 두었으며, 빅토리아 여왕은 항상 남편인 앨버트 공을 왕이라고 생각하며 살았다.

그들에 관한 유명한 일화가 하나 있다.

여왕의 남편인 앨버트 공은 정치와 사교에 별로 관심이 없는 사람이었다. 그가 가장 좋아하는 일은 바로 서재에서 책을 읽는 것이었다. 1848년 어느 날, 빅토리아 여왕이 남편의 서재에 노크를 했다.

"누구요?" 안에서 그가 물었다.

"여왕이에요." 그녀가 대답했다. 하지만 안에서는 아무런 기척이 없었다. 여왕이 다시 노크를 했다. 그리고 또 누구냐는 그의 물음에 이렇게 대답했다.

"당신의 아내예요, 앨버트."

그러자 그가 웃으면서 문을 열어주었다.

그 후, 앨버트 공은 마흔두 살 젊은 나이에 병에 걸려 사망하게 된다. 그가 죽자 여왕은 깊은 슬픔에 빠져 다음과 같이 말했다.

"모든 것이 끝났다. 내 행복은 모두 사라져버렸다."

사랑이란 무엇인가? 이는 누구도 정답을 알아낼 수 있는 매우 어려운 문제다.
사랑에는 정답이란 것 자체가 존재하지 않기 때문이다.
사랑은 서로 배려하고 존중하며 서로를 평등한 위치에서 바라보는 마음이다.
이 평등은 사회적 지위와 신분의 평등이 아니라,
바로 인격과 감정상의 평등을 말한다.
한 인간이 사랑의 신인 에로스에게 물었다.
"신이시여, 사랑이란 무엇입니까?"
그의 대답은 바로 이것이었다.
'L'은 'listen', 조건 없이 상대의 말을 귀담아듣고
그(녀)의 마음을 헤아리는 것.
'O'는 'obligate', 서로의 사랑에 감사하는 마음을 지니고
더 큰 사랑으로 보답하는 것.
'V'는 'valued', 서로를 소중히 여기고
존중하는 마음을 드러내고 아낌없이 격려하는 것.
'E'는 'excuse', 관용의 정신으로
서로의 실수와 잘못을 너그럽게 용서해주는 것.

진정한 사랑을 하고 있는 사람은 서로의 학식과 지위,
배경과 집안 등이 아무리 차이가 나더라도 이를 수용하고 받아들일 줄 알며,
그것을 두고 서로 비교하지 않는다.
서로를 사랑하는 마음에는 그 어떤 것도 비교의 잣대로 삼을 수 없고,
우열을 가릴 수가 없기 때문이다.

5

진정한 사랑은 상대방의 행복을 빌어주는 것이다

사랑은 너무 어려서 양심이 무엇인지 잘 모른다.
하지만 양심이 사랑에서 태어나는 것을 누가 모르는가?

– 셰익스피어 *William Shakespeare*

음악가 요하네스 브람스(Johannes Brahms)는 평생을 독신으로 지냈다. 하지만 그는 결코 사랑을 모르는 사람이 아니었다. 오히려 너무도 열정적인 사랑을 했고 또한 그 사랑을 평생 갈구하며 지켜나간 너무도 인간다운 인간이었다. 특히 슈만(Robert Alexander Schumann)의 아내인 클라라와의 깊은 사랑은 그의 예술 인생에서 대부분의 영감을 얻게 한 근원지였다.

브람스가 클라라를 처음 만난 것은 1853년 9월 30일, 그의 나이 스무살 때였다. 그는 당시 거의 무명에 가까운 신인 피아니스트로서 이 때문에 깊은 상처를 입고 있었던 시기였다. 하지만 브람스의 피아노 연주를 들은 슈만 부부는 그의 음악성에 큰 감명을 받았고 누구보다 먼저 그의 천재성을 인정해주었다. 브람스는 이런 슈만 부부에게 깊은 존경과 친밀감을 느끼는 동시에, 마치 운명처럼 슈만의 부인인 클라라의 뛰어난 미모와 재능에도 매력을 느끼게 되었다. 하지만 그는 사랑의 마음을 '존경'이란 말로 바꾸어 놓으며 감정이 깊어지지 않도록 애써 자신을 타일러야만 했다.

그러던 중, 브람스는 진정한 사랑을 꽃피우는 인생의 전환기를 맞이하게 된다. 정신병이 갑자기 악화된 슈만이 멀리 떨어진 요양원에서 생활하게 된 것이다. 브람스는 깊은 상처를 받은 클라라를 위로하고 절망에서 그녀를 구하는 일에 혼신의 힘을 기울였다. 그리고 그녀의 슬픔을 달래주는 동안 우정과 존경은 어느새 사랑의 감정으로 변해갔고, 마침내 그녀를 떠나서는 도저히 살 수 없는 지경에까지 이르고 말았다.

클라라가 자신보다 열네 살 연상이라는 사실도 그의 불타는 사랑에 장애물이 되지 못했다. 그는 종종 그녀에게 편지를 써서 끓어오르는 사랑의 감정을 직설적으로 고백했다. 하지만 클라라는 매정하게 자신은 슈만의 아내라는 사실만을 상기시키며 자신이 줄 수 있는 것은 우정뿐이라고 말했다. 물론 클라라 역시 브람스와의 관계에서 삶의 새로운 의미를 느끼고 많은 기쁨을 누린 사실은 부인할 수 없을 것이다. 브람스의 사랑이 없었다면 그녀가 어찌 그 힘든 생활을 이겨낼 수 있었겠는가?

클라라에 대한 브람스의 사랑은 슈만이 죽은 후, 침착하면서도 더욱 깊이 있는 사랑의 감정으로 변해갔다. 그리고 외부의 장애가 사라지고 그가 자유롭게 클라라를 사랑할 수 있는 상황이 되자 오히려 그의 열정은 서서히 예술적 영감으로 승화되어 갔다.

스무 살부터 죽기 전까지 브람스의 마음속에 있던 존재는 클라라였다. 1896년 클라라가 일흔일곱 살의 나이로 타계했을 때, 브람스는 "나의 삶의 가장 아름다운 체험이요, 가장 위대한 자산이며 가장 고귀한 의미를 상실했다."며 그녀의 죽음을 애도했다.

이제 그들은 모두 역사 속에 묻혔지만, 사랑하는 여인을 그리며 만들어 낸 브람스의 음악에서 클라라를 향한 깊은 사랑을 충분히 느낄 수 있다.

부끄럽구만...

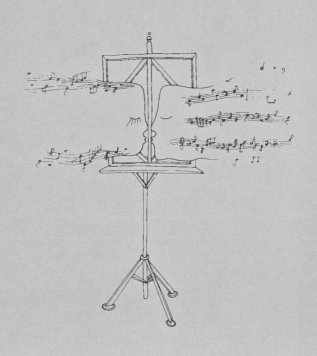

사랑은 쟁취하는 것이 아니라 상대의 행복을 빌어주는 마음에서 비롯된다.
브람스는 누구보다 클라라가 행복하기를 바랐고, 그녀를 사랑하는 마음을
예술적으로 승화시켜 자신의 작품 속에 고스란히 담아냈다.
사랑한다고 해서 무조건 그 사람을 쟁취해야 하는 것은 아니다.
그의 곁에서 말없이 지켜봐주고 든든하게 힘이 되어주는 것 역시
보여주는 사랑만큼 위대한 힘을 지니고 있다.

즐거운 마음은 소박한 반찬도 맛깔나게 만들어주며 무료한 인생을 보람 있게 해준다. 따라서 가장 지혜로운 사람은 바로 스스로 인생의 즐거움을 찾아가는 사람이다. 행복은 아무리 나누어줘도 없어지지 않는 놀라운 능력이 있다. 오히려 나누어줄수록 그 기쁨은 배가 된다. 하지만 다른 사람을 기쁘고 즐겁게 해주기 위해서는 누구보다 자신이 먼저 즐거워야 한다. 마음속에 따뜻한 태양을 품고 있는 사람만이 다른 사람의 가슴에 그 온기를 전할 수 있기 때문이다.

Chapter 15

인생의 행복을 찾아가는 지혜

잘살지는 못해도 쪽팔리게 살지는 말자

인생의 목적은 원하는 것을 얻는 일과 자신이 얻은 것을 함께 나누는 일, 이 두 가지뿐이다.
이 중 두 번째 목적을 이루는 사람은 그리 많지 않은데, 인생의 행복은 바로 후자에 숨어 있다.

– 조시아 로이스 *Josiah Royce*

즐거움도 행복도 모두 우리의 마음속에 있다.
깊은 바다와 높은 산 속에 있는 것도 사람들은 잘 발견해낸다.
그런데 어째서 자기 마음속을 들여다보는 것은 그토록 어려워하는 걸까?
즐거움도 행복도 이렇듯 우리들 가장 가까운 곳에 있다.
이렇게 가까이 있는 행복을 발견하지 못한 채 포기해버리는 건
행복의 신이 진정으로 바라는 일이 아닐 것이다.

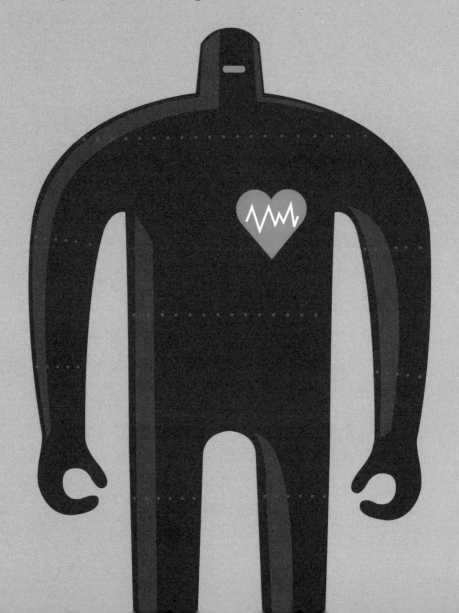

1

행복이 숨겨진 곳

행복은 인생의 유일한 목표다. 행복이 없다면
사람의 인생은 그야말로 황량한 들판과 같을 것이다.

- 조지 산타야나 *George Santayana*

제우스가 행복의 신에게 행복의 씨앗을 주며 적절한 곳을 찾아 그 씨앗을 숨겨두고 오라고 말했다. 행복의 신이 길을 떠나기 전, 제우스가 그에게 물었다.

"그래, 어디에 숨길지 생각해보았느냐?"

그러자 행복의 신이 대답했다.

"네, 아무리 생각해봐도 바닷속 깊은 곳이 좋을 것 같아요. 거친 파도와 풍랑을 이겨내는 사람만이 찾을 수 있도록 말이에요."

하지만 제우스는 말없이 고개를 가로저었다. 그러자 행복의 신이 잠시 생각한 후, 다시 말했다.

"그럼 세상에서 가장 높은 산 위에 숨길까요? 용기와 도전정신을 지닌 사람만이 찾을 수 있도록 말이에요."

하지만 제우스는 여전히 고개를 저으며 묵묵부답이었다. 행복의 신이 그의 의중을 몰라 고개를 갸우뚱거리자, 제우스가 이렇게 말했다.

"깊은 바다와 높은 산을 찾는 것은 생각보다 어렵지 않아. 사람이 가장 찾기 어려운 곳은 바로 자신의 마음속이란다. 그러니 그 씨앗을 사람들의 마음속에 하나씩 뿌려 두고 오거라."

인생의 행복은 어디에

**인생의 최대 행복은 당신이 무엇을 소유하고 있느냐가 아니라,
무엇을 추구하고 있느냐에 달렸다.**

— 프레더릭 반팅 *Frederick Banting*

인생의 행복을 찾으러 다니는 한 젊은이가 있었다. 그는 오랜 시간 전국을 돌아다녔지만 오히려 그 여정들이 힘겹기만 할 뿐, 아무래도 찾을 수가 없었다. 그러던 중 스승인 소크라테스를 만나 이렇게 물었다.

"선생님, 인생의 행복은 대체 어디에 있습니까?"

소크라테스가 대답했다.

"그 답을 알기 전에 먼저 배 한 척을 만들어 오거라."

젊은이는 행복을 찾는 일을 잠시 중단한 채, 친구들의 도움을 얻어 배를 만들기 시작했다. 가장 크고 튼튼한 나무를 골라 뚝딱뚝딱 망치질을 하고 그 위에 예쁘게 색을 입혔다. 그리고 49일 만에 크고 아름다운 배가 완성되었다.

젊은이는 자신이 직접 배를 만들었다는 사실에 매우 감격했다. 그래서 그 배를 바다 위에 띄우며 즐거운 마음에 저도 모르게 노래를 흥얼거렸다.

그러자 소크라테스가 다가와 물었다.

"배를 만드는 일이 그렇게 즐거우냐?"

"네! 배가 완성되는 모습을 보니 정말로 기쁩니다."

젊은이가 대답했다. 그러자 소크라테스가 다시 말했다.

"인생의 행복이란 바로 그런 것이다. 하나의 목표를 두고 그것을 이루기 위해 제가 가진 최대한의 노력을 기울이다 보면 자연스레 얻어지는 것이지."

여기 인생의 행복을 찾는 또 다른 젊은이가 있다.

그는 뭔가 불만이 있는 듯 땅이 꺼지도록 한숨을 내쉬고 있었다. 그러자 그 한숨 소리를 들은 천사가 다가와 물었다.

"왜 그렇게 인상을 쓰고 있죠? 사는 게 즐겁지 않나요?"

"사람들은 모두 값비싼 보석을 차고 고급 차를 타며 떵떵거리고 사는데, 전 하나도 가진 것이 없어서 너무 불행해요. 전 언제쯤 그런 것들을 가져볼 수 있을까요?"

젊은이가 넋두리하듯 되묻자 천사는 그를 가엽게 여겨 그가 원하는 것들을 모두 가져다주었다. 그런데 얼마 후, 천사는 다시 젊은이의 한숨 소리를 듣게 되었다. 그는 여전히 인상을 쓰고 있는데다 예전보다 더 마르고 수척해진 듯 보였다. 천사가 물었다.

"또 무슨 일이 있나요? 왜 그렇게 울상을 짓고 있죠?"

"없던 게 생겨서 좋긴 한데, 누가 이걸 훔쳐갈까, 아니면 이걸 잃어버리면 어쩌나 걱정돼서 죽겠어요. 밤낮없이 이걸 지키느라 잠도 제대로 못 잤어요."

그의 대답에 천사가 혀를 차며 말했다.

"어리석은 사람, 없을 때는 못 가질까 두렵고 얻은 뒤에는 그것을 잃을까 두려워하면 어떻게 행복을 누릴 수가 있겠어요?"

➡➡→

인생의 모든 행복과 즐거움은 저마다 대가가 따른다. 하지만 그 대가를 치른 뒤 누리는 행복은 또 다른 기쁨이 되어 돌아온다. 대가를 치른 행복만이 오래갈 수 있기 때문이다. 못 가질까 두렵고 이미 얻은 뒤에는 그것을 잃을까 두려워하는 마음은 인간이 지닌 불행의 씨앗이다. 인생의 행복은 적절한 만족과 성취감에 있다.

삶의 방식이 여러 가지듯, 삶을 대하는 태도도 사람마다 다르다.
하지만 인생의 즐거움은 무조건 현실적이고 진실될수록 좋다.
우리는 모두 행복을 얻기 위해 매일 땀을 흘리며 힘겨운 노동을 하지만,
그렇게 힘든 대가를 치러가며 얻으려고 하는 행복은 크고 화려한 것이 아닌
누구나 누릴 수 있는 평범한 행복일 때가 많다.
얼마나 많은 것을 누리고 있느냐가 아니라 지금 당신이 무엇을
추구하고 있는지에 따라서 그 행복의 정도는 달라질 수 있다.

3

실현 가능한 행복을 추구하라

행복의 크기는 인생에 대한 관심의 정도에 따라 달라진다.

– 미셸 드 몽테뉴 *Michel de Montaigne*

한 어부가 바닷가에 앉은 채로 꾸벅꾸벅 졸고 있었다. 그런데 여행객으로 보이는 한 남자가 다가와 사진을 찍어달라며 그를 흔들어 깨웠다. 여행객이 말했다.

"날씨가 참 좋네요. 오늘 같은 날 고기를 잡으러 나가면 떼돈을 벌겠어요."

그러자 어부는 말없이 고개를 저었다.

"왜, 어디가 불편하세요?" 여행객이 물었다.

"아니오, 그렇지 않소." 어부가 대답했다.

"그럼 왜 고기를 잡으러 나가지 않으세요?"

여행객이 의아한 얼굴로 다시 물었다.

"이미 잡을 만큼 잡았소. 새우 네 마리, 고등어 스무 마리, 게다가 내일 잡을 몫까지 미리 다 잡았다오."

"하지만 더 많이 잡으면 좋잖아요. 한번 생각해보세요. 매일 한 번 나갈 걸 두 번 나가면 고기를 더 많이 잡을 수 있어요. 세 번, 네 번 나가면 고기를 더 많이 잡겠죠. 그러면 돈을 더 많이 벌 수 있고, 그 돈으로 자동차나 더 큰 고깃배를 살 수 있지 않나요? 더 큰 고깃배가 있으면 당신은 편하게 앉아서 고기를 잡을 수 있고 2, 3년쯤 후에는 바닷가에 큰 집을 한 채 지을 수도 있을 거예요. 어디 그뿐인가요? 그 돈으로 식당을 차려서 당신이 직접 잡은 물고기로 음식을 만들어 팔거나 외국에 수출해서 더 큰돈을 벌 수도 있죠. 그런 후에는……."

여행객은 마치 자신이 떼돈을 버는 듯한 착각에 빠져들었다. 그는 어부의 등을 두드리며 물었다.

"당신도 그렇게 살고 싶지 않나요? 그럼 그때는 지금처럼 바닷가에 나와 편안하게 햇볕을 쬐며 낮잠을 즐길 수 있을 거예요."

그러자 어부가 웃으며 대답했다.

"난 이미 당신이 꿈꾸는 것처럼 살고 있다오. 내가 낮잠을 자는 건 이미 고기를 많이 잡아 돈을 많이 벌어서 더 이상 잡지 않아도 되기 때문이오. 지금은 당신이 흔들어 깨우는 바람에 어쩔 수 없이 눈을 뜬 것뿐이오."

자신의 행복은 자신의 힘으로 얻어라

**좋아하는 일을 하며 즐기기란 매우 쉽다.
하지만 어쩔 수 없이 해야 하는 일을 하며 즐기기란 결코 쉽지 않다.**

– 제임스 배리 *James Barry*

옛날에 한 농부가 있었다. 그는 매일 밭에 나가 힘들게 일을 했지만 늘 가난에서 벗어나지 못했다. 그런데 한번은 그가 일이 있어 다른 마을로 갔을 때, 마을 어귀에서 한 노인이 다가와 말했다.

"난 예전부터 자네가 힘들게 일하는 모습을 지켜보고 있었다네. 하지만 일하는 보람도 없이 가난하게 살고 있더군. 내가 여기 '마법의 반지'를 하나 줄 테니 원하는 것을 달라고 하게. 무엇을 원하든 마법 반지가 다 들어줄 거야. 하지만 소원은 딱 한 가지만 들어줄 수 있으니, 말하기 전에 신중히 생각하게."

말을 마친 노인은 금세 어디론가 사라졌다. 마법 반지를 얻은 농부는 기쁜 마음으로 집으로 향했다. 하지만 곧 날이 저물어 한 상인의 집에서 하룻밤 머물게 되었다. 그는 상인과 함께 저녁을 먹으며 그가 낮에 노인을 만나 겪은 이야기를 모두 들려주었다.

밤이 깊어 농부는 피곤한 몸을 이끌고 잠이 들었다. 그런데 상인이 몰래 그의 방에 들어와 농부가 얻은 반지와 똑같은 모양의 가짜 반지를 넣어놓고는 진짜 반지를 들고 도망쳐버렸다. 이튿날 아침, 농부는 상인의 아내에게 고마움의 인사를 하고 길을 나섰다.

한편 도망친 상인은 주위를 두리번거리고는 아무도 없자 반지를 향해 크게 소리쳤다.

"평생 떵떵거리며 살 수 있게 금화를 한가득 내려주세요!"

그러자 정말로 기적이 일어났다. 갑자기 마른하늘에서 금화가 우수수 떨어지기 시작한 것이다. 하지만 폭우처럼 금화가 끊임없이 쏟아지는 바람에 상인은 미처 피하기도 전에 금화 밑에 깔려 죽고 말았다.

농부는 집에 돌아오자마자 아내에게 자신이 반지를 얻게 된 이야기를 들려주었다. 이야기를 들은 아내는 당장 소원을 말하자며 재촉했다.

"여보, 난 넓은 땅이 갖고 싶어요."

하지만 농부의 생각은 달랐다.

"우리가 반지에게 말할 수 있는 소원은 딱 한 가지뿐이오. 그러니 신중해야돼요. 1년 동안 열심히 일해서 우리 힘으로 넓은 땅을 마련해봅시다."

부부는 1년 동안 부지런히 일해서 꽤 많은 돈을 모았고 그들이 원하는 땅을 살 수 있게 되었다. 그러자 농부의 아내가 말했다.

"이제 넓은 땅도 생겼으니 우리 일을 도와줄 소가 여러 마리 필요해요.

반지한테 소를 달라고 말해보세요."

그러자 농부가 다시 말했다.

"여보, 딱 1년만 더 수고해봅시다. 소는 분명 우리 힘으로도 살 수 있을 거요."

그리고 1년 후, 부부는 자신들이 번 돈으로 소를 살 수 있게 됐다.

하루는 농부가 아내에게 말했다.

"우리는 세상에서 가장 행복한 사람들이오. 마법의 반지에게 도움을 구하지 않고도 우리 힘으로 땅과 소를 샀으니 말이오. 우린 아직 젊으니까 먼 훗날 나이가 들어서 일을 할 수 없게 되면 그때 이 반지의 힘을 빌립시다."

그리고 40년이 흘렀다. 부부는 어느새 백발이 성한 할머니, 할아버지가 되었다. 그들은 평생을 노력한 대가로 이미 많은 것을 누리고 있었다. 농부는 마법의 반지를 여전히 그의 집 안에 보물처럼 숨겨 놓았지만, 그것이 없이도 행복하게 살 수 있는 방법을 깨달았다. 그들은 반지에게 소원을 말하지 않았지만 더 이상의 소원이 필요 없을 만큼 행복한 생활을 누리게 되었다.

진정한 행복은 사람들의 두 손 안에 있다. 때문에 자신의 행복은 오직 자신의 힘으로 얻어야 한다. 행복해질 수 있는 방법이 따로 있다고 생각하는가? 사실 해답은 의외로 간단하다. 바로 욕심을 버리고 남의 것을 탐내지 않으며 이미 주어진 것에 만족하는 마음이다.

5

마음을 치유하는 네 가지 처방전

오늘을 붙들어라. 되도록 내일에 의지하지 마라.
매일이 1년 중 최고의 날이다.

– 랄프 W. 에머슨 *Ralph W. Emerson*

이미 다양한 방면에서 성공을 거둔 한 박사가 있었다. 그는 남들보다
더 많은 지위와 명예, 부를 누리고 있었지만 단 하루도 행복한 적이 없었
다. 오히려 시간이 지날수록 삶이 공허하게만 느껴지면서 가슴이 답답해
졌다. 그는 결국 한 심리학과 의사를 찾았고 의사는 박사의 고민을 들은
후 이렇게 말했다.

"당신에게 딱 맞는 처방전을 써드리죠."

의사는 잠시 뭔가를 약봉지에 적더니 다시 말했다.

"여기 네 가지 처방전이 있습니다. 내일 아침 당장 가까운 바닷가로 떠
나세요. 잡지나 신문을 읽지도 말고 가족들이나 일 생각도 잠시 접어두세
요. 오전 9시, 낮 12시, 오후 3시와 5시, 시간에 맞춰 약봉지를 하나씩 열

어보시면 됩니다. 시간을 꼭 지키세요."

다음 날, 박사는 의사의 말을 반신반의하며 바닷가에 갔다. 그는 이른 아침부터 바다의 상쾌한 공기를 마시며 오랜만에 혼자만의 여유로운 시간을 가질 수 있었다. 9시가 되어 그는 첫 번째 약봉지를 하나 꺼냈다. 그런데 그 안에 든 것은 알약이 아니라 의사의 메모가 적힌 작은 쪽지였다.

'귀를 기울여 들으세요.'

박사는 조용한 곳에 앉아 눈을 감았다. 그리고 주위에서 들려오는 소리에 귀를 기울였다. 바람 소리와 파도 소리가 그의 마음을 조금씩 진정시켜주는 듯했다. 사실 그는 박사가 되기 위해 공부를 시작한 이래 한 번도 이렇게 편안한 시간을 가져본 적이 없었다.

12시가 되자 그는 두 번째 약봉지를 꺼냈다. 봉지 안 쪽지에는 '추억'이란 두 글자가 쓰여 있었다. 그는 앉은 채로 잠시 옛날 기억을 더듬었다. 철없지만 순수했던 어린 시절, 청년이 되어 멋도 모르고 사업을 시작한 일, 친구들과의 우정, 부모님의 사랑 등 그동안 바쁘게 지내느라 잊고 살아온 것들이 너무도 많았다. 순간 그의 가슴 속에서 뜨거운 뭔가가 꿈틀거리는 것 같았다.

그리고 오후 3시가 되어 그는 세 번째 약봉지를 꺼냈다. 그 안에는 이렇게 쓰여 있었다.

'초심으로 돌아가세요.'

그는 문득 젊었을 때의 자기 모습이 떠올랐다. 그때는 좋은 남편, 좋은 아버지가 되고 싶은 마음이 컸다. 그런데 지금은 어떤가? 종일 일이 바빠서 가족들과 함께 시간을 보낸 적이 언제였는지도 잘 떠오르지 않았다. 그는 자신의 성공만을 바라느라 다른 사람들에게 너무 소홀했다는 사실을 깨달았다. 그리고 다시 예전의 밝고 씩씩한 모습을 되찾고 싶은 마음이 생겼다.

시간이 지나고 바닷가에는 어느새 어슴푸레 노을이 지기 시작했다. 오후 5시가 되어 그는 마지막 약봉지를 꺼냈다. 쪽지에는 '당신의 모든 근심을 모래 위에 쓰세요.'라고 적혀 있었다. 그는 모래사장에 그동안의 고민과 걱정거리들을 남김없이 썼다. 그러자 곧 파도가 밀려오더니 모래 위에 남은 그의 근심들을 깨끗하게 쓸어갔다.

성공을 향해 앞만 보며 달리는 것도 좋지만, 가끔씩 자신만을 위한 편안하고 자유로운 시간을 가지는 것도 중요하다. 사람은 해야 할 일이 많아질수록 그만큼 스트레스를 많이 받게 된다. 하지만 그것을 제때에 풀지 못하면 더 큰 근심거리들이 당신을 괴롭힐 것이다. 밝고 활기찬 미래를 살기 위해서는 과거와 현재의 고민들을 먼저 깨끗하게 씻어버려야 한다.

잘살지는 못해도
쪽팔리게 살지는 말자

개정 1판 1쇄 발행 2019년 08월 05일

지은이 | 리민
옮긴이 | 남은숙
펴낸이 | 최윤하
펴낸곳 | 정민미디어
주 소 | (151-834) 서울시 관악구 행운동 1666-45, F
전 화 | 02-888-0991
팩 스 | 02-871-0995
이메일 | pceo@daum.net
편 집 | 정광희
표지디자인 | 페이퍼마임
본문디자인 | 디자인[연;우]

ⓒ 정민미디어

ISBN 979-11-86276-67-9 (03320)